Abenteuer & Wissen

Maja Nielsen
Dinosaurier

>>> **Reise zu den Urzeitriesen**

Fachliche Beratung: Eberhard Frey

Gerstenberg 👁 visuell

Die Autorin Maja Nielsen ist gelernte Schauspielerin.
Durch ihre beiden Söhne kam sie zum Schreiben spannender
Abenteuergeschichten. Viele davon sind als Bücher und Hör-
bücher erschienen oder wurden als Hörspiele und Reportagen im
Rundfunk gesendet. Für die Bücher der Reihe *Abenteuer & Wissen*
stehen ihr Experten der jeweiligen Sachgebiete zur Seite.

Fachliche Beratung dieses Bandes: **Dr. Eberhard „Dino"
Frey**. Eberhard Frey war schon als Kind fasziniert von Dinosauriern. Heute ist er einer der bekanntesten deutschen Saurier-
forscher und leitet die Abteilung Geologie/Paläontologie des
Naturkundemuseums Karlsruhe. Außerdem lehrt er Zoologie
an der Universität Karlsruhe. Dino Frey rekonstruiert aus fossilen
Knochen das Leben der Urzeitechsen und geht am liebsten selbst
auf Spurensuche: In der Wüste von Mexiko grub er 2002 einen
riesigen Meeressaurier aus.

Bibliografische Information der Deutschen Nationalbibliothek
Die Deutsche Nationalbibliothek verzeichnet diese Publikation
in der Deutschen Nationalbibliografie; detaillierte bibliografische
Daten sind im Internet über *http://dnb.d-nb.de* abrufbar.

Copyright © 2008 Gerstenberg Verlag, Hildesheim
Alle Rechte vorbehalten.
Reihenkonzeption: Magdalene Krumbeck, Wuppertal
Gestaltung, Satz und Litho: typocepta, Köln
Illustrationen: Magdalene Krumbeck, Wuppertal
Grafik: Peter Palm, Berlin
Druck: Offizin Andersen Nexö, Zwenkau
Printed in Germany

www.gerstenberg-verlag.de

ISBN 978-3-8369-4843-2

Inhalt

>>> **Spuren aus Stein**   6

1. **Das Meeresungeheuer**   8

2. **Eine untergegangene Welt**   12

3. **Der Plesiosaurus**   16

4. **Das Monster von Aramberri**   22

5. **Der geheimnisvolle Zahn**   34

6. **Mary Annings Vermächtnis**   42

7. **Der Widersacher**   46

8. **Meilensteine**   56

Chronik   60
Tipps   61
Register   62

Spuren aus Stein

>>> **Noch vor 200 Jahren** wussten die Menschen nichts von der Existenz der Lebewesen vergangener Zeiten. Wie die Welt und das Leben auf ihr entstanden waren, stand in der Bibel: Gott hat die Erde mit allen Tieren und Pflanzen in sechs Tagen erschaffen.

Doch die Steine erzählten eine andere Geschichte: Manchmal gaben Felsen versteinerte Skelettreste frei, die sie Jahrmillionen verborgen hatten – monströse Schädel, gigantische Kiefer oder Zähne groß wie Dolche. Kein Tier auf Gottes Erde hatte solche Knochen – sie mussten von Monstern stammen! So entstanden schon in alter Zeit Legenden von Drachen, die auf den Gipfeln der Berge hausen sollten. Dass es sich bei den Knochenfunden um die Überreste ausgestorbener Tiere handeln könnte, schien undenkbar. Schließlich stand von ihnen nichts in der Bibel.

Doch immer mehr versteinerte Knochen traten zu Tage und weckten die Neugier der Menschen und den Forscherdrang der Gelehrten. Und als das erste vollständige Skelett eines urzeitlichen Meeresreptils von einem erst zwölf Jahre alten Mädchen entdeckt wurde, bereitete dieser Fund der Entdeckung der Dinosaurier den Weg. Wenige Jahre später gelang es dem englischen Landarzt Gideon Mantell, die Sprache der Steine seines Heimatortes Lewes zu entschlüsseln. Eine Versteinerung von der Größe eines Kiesels genügte ihm, um die Welt der Dinosaurier wiederzuentdecken. Diese frühen Entdeckungen lösten ein wahres Dinofieber aus. Man brannte nun geradezu darauf, mehr über diese rätselhaften Geschöpfe zu erfahren, die aus einer anderen Welt zu kommen schienen.

Auch heute noch machen Paläontologen spektakuläre Funde. Der Saurierexperte Eberhard „Dino" Frey gräbt in der mexikanischen Wüste eines der größten Raubtiere aus, das je auf der Welt gelebt hat: das „Monster von Aramberri".

Dieses Buch berichtet über die spannende Arbeit der Dinojäger. Sie öffnen für uns ein Fenster zu einer Welt, die vor Millionen Jahren unterging.

Wie Frankenstein war ich erschrocken von dem riesigen Ungeheuer, das meine Untersuchungen zum Leben erweckt hat.

Gideon Mantell

1. Das Meeresungeheuer

>>> **Der Badeort Lyme Regis** in der Grafschaft Dorset an der Südküste Englands im Jahr 1812, also vor etwa 200 Jahren. Der wütende Sturm der vergangenen Nacht hat sich etwas gelegt. Aber noch immer weht ein schneidend kalter Wind. Die See peitscht gegen die schroffen Klippen der Steilküste. Knietief mit den Beinen im kalten Wasser, watet ein zierliches Mädchen am Strand entlang. Immer wieder bückt es sich, um Steine aufzulesen.

Manche Steine, die sich an dieser Küste finden, haben eine sonderbare Form. Die sammelt Mary Anning auf und legt sie in ihren Korb. Solche „Kuriositäten", wie man sie nennt, kann Mary als Andenken an die vielen Badegäste von Lyme Regis verkaufen. „Schlangensteine" etwa, die so aussehen, als ob sich eine Schlange kreisrund eingerollt hat. Manche Menschen glauben, dass man mit Hilfe dieser „Orakel-

Besonders an stürmischen Tagen lohnt sich am Strand von Lyme Regis die Suche nach außergewöhnlichen Versteinerungen. Die weiche Sedimentschicht, in die sie eingebettet sind, heißt „Blauer Lias".

Sie hat eine ungeheure Vorstellungskraft und steckt voller Ideen. Zudem ist sie in der Lage, ihre Gedanken anderen zu vermitteln.

Mrs Stock, Arbeitgeberin von Mary Anning

steine" die Zukunft voraussagen kann. Dann gibt es noch Steine, die wie langgestreckte Zipfelmützen für Zwerge aussehen. „Petrusfinger" sagen die Leute zu ihnen, oder auch „Donnerkeile". Auch nach spitzen, messerscharfen Zähnen ähnelnden Steinen hält Mary Ausschau oder nach Steinen, die Wirbel aus dem Rückgrat eines riesigen Tieres sein könnten.

Das Geld ist knapp bei den Annings, ist es immer gewesen, auch als Marys Vater noch lebte. Seit dem Tod des Tischlers erhält die Familie Armenunterstützung, drei Shilling in der Woche. Zu viel zum Sterben, zu wenig zum Leben. Glücklicherweise hat der Vater den Kindern gezeigt, wie man die steinernen Kuriositäten aufspürt, die die Sommergäste so gern als Reiseandenken kaufen. In ihrem Haus hat die Familie einen kleinen Verkaufsstand eingerichtet, in dem die Gäste stöbern können. So oft es ging, haben Mary und ihr jüngerer Bruder Joseph den Vater auf seinen ausgedehnten Streifzügen entlang der Küste begleitet.

Wenn Mary Glück hat und einen außergewöhnlichen Stein findet, dann können sie, Joseph und ihre Mutter Molly sich einmal wieder richtig satt essen. Manche Badegäste bezahlen viel Geld für die eigentümlichen Schätze. Einige Steine sehen aus wie Tiere. Die bringen besonders viel ein. Ein Jahr ist es her, da hat Marys Bruder Joseph hier unten am Strand so ein steinernes Tier gefunden.

Ein Kopf von 1,20 Meter Länge kam damals unter dem Sand zum Vorschein, mit einem Raubtiergebiss voll kleiner spitzer Zähne und Augen aus Stein, die die Kinder ernst anzublicken schienen. Mit Hilfe von einigen kräftigen Männern schafften Mary und Joseph ihren Fund nach Hause. Kein Mensch konnte den aufgeregten Kindern erklären, wieso dieser Kopf dort gelegen hatte und von welchem Tier er stammte.

Dass es sich bei den steinernen Knochen, die man gelegentlich entlang der Küste findet, um Überreste von einst lebenden Tieren handeln könnte, erscheint den Menschen vor 200 Jahren ausgeschlossen. Man findet die Skelettreste schließlich meist dann, wenn der Sturm die Schieferwände der Steilküste zerschlagen hat und riesige Platten ins Meer gestürzt sind. Andere Knochen sind mehrere Meter tief unter dem Strand vergraben, kommen nur zum Vorschein, wenn vom Sturm aufgewühlte Wassermassen den Sand ins Meer spülen. Wie hätten die Tiere so tief in den Fels hineingeraten können? Oder so viele Meter tief ins Erdreich?

Mary versucht, mehr über das Ungeheuer herauszufinden, das ihr Bruder entdeckt hat. Wer könnte ihr nur weiterhelfen? Das Mädchen konnte nur mit acht Jahren ganz kurze Zeit zur Schule gehen. Ein wenig Lesen und Schreiben hat es dort gelernt, mehr nicht. Um ein paar Shilling dazuzuverdienen, erledigt Mary gelegentlich kleine Besorgungen für die wohlhabende Mrs Stock. Die erlaubt dem wissensdurstigen Kind, sich Bücher aus ihrer Hausbibliothek auszuleihen. Mary ist überglücklich. Sie findet bei Mrs Stock ein Buch mit Abbildungen von afrikanischen Tieren. Erstaunt stellt sie fest, dass der Kopf ihres Ungeheuers dem Schädel eines Krokodils ähnelt, nur dass das steinerne Geschöpf mehr Zähne hat und die Schnauze spitzer zuläuft. Wie mag wohl der Körper des Tieres aussehen? Mary beschließt, danach zu suchen. Doch nur wenige Tage später begräbt ein Erdrutsch den Abschnitt des Strandes, an dem Joseph seine eigenartige Entdeckung gemacht hat, und jede weitere Suche ist unmöglich.

Wochen und Monate sind nach Josephs großem Fund ins Land gegangen. Sooft es ging, hat Mary die

Belemniten, die auch „Donnerkeile" oder „Teufelsfinger" genannt werden, starben vor 65 Millionen Jahren aus. Sie ähnelten heute lebenden Kalamaren. Von Belemniten ist nur das Rostrum erhalten, der härteste Teil des Tieres.

Das über fünf Meter lange Skelett von Marys erstem Ichthyosaurier

Der Kopf des Ichthyosauriers, den Mary und Joseph Anning 1811 gefunden haben, hängt heute im berühmten Natural History Museum in London.

Fossilien

Nur wenige Tiere verwandeln sich nach ihrem Tod in ein Fossil. Das geschieht nur, wenn ein Lebewesen stirbt und unter Wasser sinkt und von einer Schlammschicht bedeckt wird. Das Skelett wird von Mineralien im Wasser durchdrungen und verstärkt. Über der Schlammschicht mit dem toten Tier lagern sich im Laufe der Zeit weitere Schichten ab. Die Ablagerungen – Sedimente genannt –, die ein Landtier nach seinem Tod begraben, bewirken einen ähnlichen Prozess. Im Laufe von Millionen Jahren wird aus einer Sandschicht unter dem Druck des enormen Gewichtes der sich darüber ablagernden neuen Schichten Stein.

Stelle untersucht, an der der Kopf lag. Aber selbst wenn sich da irgendwo tief unter dem Schutt noch der Körper des versteinerten Tieres befinden sollte – für Mary ist er unerreichbar. Als das Mädchen sich jedoch an diesem Morgen dem Küstenstreifen unterhalb von Black Ven nähert, sieht es sofort, dass der nächtliche Sturm Tonnen von Schlamm weggespült hat. Die Stelle, an der der Kopf lag, ist jetzt frei! Sofort holt Mary die Schaufel aus ihrem Korb und beginnt zu graben. Unweit der Stelle, an der der eigenartige Krokodilskopf lag, stößt sie etwa einen halben Meter tief in der Erde auf eine Versteinerung. Mit ihrem Hammer bearbeitet sie geschickt den Kalkstein, so wie ihr Vater es ihr gezeigt hat. Wirbelknochen kommen zum Vorschein, einer nach dem anderen. Manche sind acht Zentimeter breit. Dann stößt sie auf Rippen, die noch mit den Wirbeln verbunden sind. Das Rückgrat des Ungeheuers scheint endlos lang zu sein.

So schnell sie kann, rennt Mary zurück in den Ort und bittet ein paar Männer, ihr bei der Arbeit zu helfen. Gemeinsam legen sie 60 Wirbel eines fischartigen Geschöpfes frei. Ein riesiges Monster, fünf Meter lang!

Wie ein Lauffeuer spricht sich die Sensation in der Stadt herum. Auch der Gutsherr des kleinen Ortes, in dem Mary lebt, hört davon. Henry Host Henley kauft dem Mädchen das Skelett für 23 Pfund ab. Danach wird das Ungeheuer in einem Museum in London ausgestellt. Es versetzt die Besucher des Museums in Staunen und bringt die Wissenschaftler zum Grübeln. Die Annings aber macht es satt. Ein halbes Jahr lang müssen sie keinen Hunger leiden.

2

Eine untergegangene Welt

>>> Angespornt von ihrem unglaublichen Erfolg, macht sich Mary Anning nun täglich entlang der Steilküste auf die Suche, meist allein. Joseph hat eine Lehrstelle bei einem Polsterer gefunden und trägt mit den Groschen, die er als Lehrjunge verdient, zum Lebensunterhalt der kleinen Familie bei. Mary kämpft auf ihre Weise für das tägliche Brot. Unermüdlich geht sie bei jedem Wetter, selbst bei Sturmflut, ans Meer. Nach Stürmen findet man am meisten.

Dem Mädchen kommt es manchmal so vor, als wollten die Steine ihm eine Geschichte erzählen. Nur welche? Bruchstücke eines geheimnisvollen Rätsels liegen weit verstreut am Strand. Mary muss dem Meer zuvorkommen. Muss

Wir kletterten an Stellen hinunter, an denen ich einen Abstieg für unmöglich gehalten hätte. Als wir endlich den Grund erreicht hatten, musste sie sich beeilen, um zwischen zwei Brandungsschüben hindurchzukommen. Sie packte mich mit einem Arm um die Hüfte und trug mich ein Stück.

Anna Maria Pinney, eine Freundin von Mary, die sie manchmal zum Strand begleiten durfte

Mary Annings Vater hat für seine Tochter einen eigenen kleinen Hammer gefertigt.

Das Spezialgebiet von William Buckland sind Koprolithen – versteinerter Saurierkot. Dafür erntet er viel Spott von seinen Zeitgenossen.

da sein, bevor die Knochen, die der Fels freigibt, fortgespült werden. Ungeheuer waghalsig geht Mary bei der Suche vor, sie klettert todesmutig auch an solchen Stellen hinunter zum Strand, an denen es nahezu keinen Halt gibt. Oft bläst ein stürmischer Wind, der Boden ist schlüpfrig, und die Wellen schlagen bis hoch zu den Felswänden. Marys Vater ist hier eines Nachts abgestürzt. Er hat sich von den schweren Verletzungen nicht mehr erholt und starb schließlich an der Schwindsucht.

Marys Geschick beim Aufspüren von Kuriositäten versetzt jeden in Erstaunen. Aus 50 Steinen, die fast gleich aussehen, pickt sie genau den einen heraus, in dem ein perfekt erhaltener Fisch verborgen ist. Mit einem gezielten Schlag ihres kleinen Hammers zerbricht sie den Stein, und für die verblüfften Zuschauer wird sichtbar, was Mary scheinbar schon von Anfang an wusste.

Bald zieht es berühmte Wissenschaftler nach Lyme Regis, etwa Professor William Buckland von der berühmten Universität in Oxford. Er hat von Marys Sammlung erfahren und möchte sie sich ansehen. Durch Buckland erfährt Mary zum ersten Mal von der „Untergrundkunde", wie die Geologie zu der Zeit noch genannt wird. Mary lernt, dass man versteinerte Tiere „Fossilien" nennt, und hört von dem Ingenieur William Smith, der gerade dabei ist, die Abfolge der Gesteinsschichten Großbritanniens systematisch zu untersuchen und über seine Ergebnisse eine Karte anzufertigen.

„Ichthyosaurus" – Fischechse – taufen die Wissenschaftler Marys Seeungeheuer. Allerdings kommt das eigenartige Tier erst zehn Jahre nach dem Fund zu seinem Namen. So lange dauert es, bis sich die Naturkundler einen Reim auf das machen können, was Mary entdeckt hat.

William Buckland

Der Geistliche William Buckland **(1784–1856)** wird der erste Geologie-Professor an der berühmten Universität Oxford. Buckland hat den Anspruch, durch seine geologische Forschung die Schöpfungsgeschichte der Bibel zu beweisen. So vertritt er zunächst die These, dass es die Sintflut war, die die Knochen von exotischen Tieren wie Elefanten oder Krokodilen nach England gespült hat. Buckland zerbricht an der unmöglichen Mission, die damalige tiefe Kluft zwischen Wissenschaft und Kirche zu überbrücken. Der hochgeachtete Wissenschaftler verliert darüber den Verstand und wird in die Irrenanstalt eingewiesen.

Ichthyosaurier

Ichthyosaurier haben die Gestalt von Fischen, sind aber Reptilien. Sie lebten vor etwa 250 Millionen Jahren. Ichthyosaurier ähneln Delfinen, doch waren sie mit bis zu 15 Metern Länge sehr viel größer und hatten riesige Augen. Damit konnten sie auch in den dunklen Tiefen des Meeres sehen. Mit ihren mit bis zu 200 spitzen Zähnen bewehrten Schnäbeln fingen sie Fische und Weichtiere. Die Schwanzflosse diente durch seitliches Schlagen dem Antrieb, die Seiten- und Rückenflossen dienten der Steuerung.

Rechts: Im Gegensatz zu Delfinen, die eine waagerechte Schwanzflosse haben, steht die Schwanzflosse der Ichthyosaurier senkrecht.

Mary Anning liest in ihrem Häuschen am Strand von Lyme alle Zeitungsartikel und Berichte, die über ihren Fund veröffentlicht werden. So lernt sie, dass diese Fossilien, die sie findet, Überreste ausgestorbener sind. Und dass die Erde alt ist. Unvorstellbar alt. Das Leben auf der Erde muss ganz anders entstanden sein, als in der Bibel steht. Mary denkt „verbotene" Gedanken, denn zu ihrer Zeit glauben die Menschen bedingungslos an die Heilige Schrift.

Die Bibel wird noch Anfang des 19. Jahrhunderts wie ein Tatsachenbericht gelesen. Urzeittiere erwähnt die Bibel nicht, also hat es sie auch nie gegeben. In welchem Jahr Gott sein Werk begann, errechnete im Jahr 1650 der irische Erzbischof James Ussher: Danach hatte sich Gott genau am 23. Oktober des Jahres 4004 v. Chr. an die Arbeit gemacht. So alt ist die Erde. Dieses Datum ist zu Mary Annings Zeit in jeder englischen Bibel vermerkt. Und wer das in Frage stellt, stellt Gott in Frage.

Doch Mary, das einfache Mädchen von der Küste, das kaum Schulbildung genossen hat, erfasst die Wahrheit: Wenn Gott alle Tiere am selben Tag erschaffen hätte, müssten ihre Überreste sämtlich in derselben Gesteinsschicht liegen. Aber in jeder Gesteinsschicht findet man andere Fossilien! Nur in jungen Schichten finden sich Säugetierknochen.

Um sich darüber auszutauschen, welche Beobachtungen in der Natur gemacht werden, welche Fossilien in welcher Gesteinsschicht entdeckt wurden und zu welchen Rückschlüssen über die Schöpfung das zwangsläufig führt, wird in London 1807 die Geologische Gesellschaft gegründet – eine Vereinigung von hochrangigen Gelehrten. Sie kommt aufgrund ihrer Beobachtungen überein, die Erdgeschichte in drei Zeitalter zu gliedern: in das Erdaltertum, das Erdmittelalter und die Erdneuzeit. Das Tier, das Mary Anning ge-

Unten: Hier sieht man die übereinandergelagerten Gesteinsschichten der Jurassic Coast. Jede Schicht wurde in einem Zeitraum von etwa 40 000 Jahren gebildet.

14

funden hat – der Ichthyosaurier – hat im Erdmittelalter gelebt.

Wie nicht anders zu erwarten, hat die junge Wissenschaft erbitterte Gegner, vor allem von Seiten der Kirche. Doch viele Gelehrte und auch einige wohlhabende Sammler machen sich auf den Weg zu Mary, um sie auf der Suche nach Fossilien zu begleiten, ihr einige Stücke abzukaufen oder um die Meinung des jungen Mädchens einzuholen. Von allen Seiten wird es in den höchsten Tönen gelobt.

Von ihren gebildeten Besuchern erfährt Mary, dass mindestens eine weitere Echse in dem urzeitlichen Meer gelebt haben muss, in dem der Ichthyosaurus auf die Jagd ging. Die Forscher haben unbekannte Knochen gefunden, in derselben Gesteinsschicht, in der Mary auch den Ichthyosaurier entdeckt hat. „Plesiosaurus" wird das Tier heißen, sollte jemals ein Exemplar davon auftauchen. Der Name bedeutet „alte Echse".

Mary macht sich noch entschlossener auf die Suche. Wenn sich ein weiteres Meeresungeheuer an ihrer Küste verbirgt, dann wird sie es finden!

15

3

Der Plesiosaurus

>>> In den Jahren darauf wird es für Mary jedoch immer schwerer, brauchbare Fossilien zu finden. Auch andere Fossilienjäger gehen jetzt entlang der Küste auf Streifzug. Manchmal gelingt ihr monatelang kein einziger wirklich bedeutender Fund. Hunger und große Entbehrungen bestimmen wieder einmal das Leben der Annings. Verzweifelt setzt Mary die Suche fort. Schließlich – Mary ist inzwischen zwanzig Jahre alt – bleibt der kleinen Familie nichts anderes übrig, als ihre Habseligkeiten und die wenigen Möbel zum Verkauf vor die Tür ihres Häuschens zu stellen. Wenigstens die Miete für ihr karges Zuhause müssen sie zusammenbekommen.

Einer der wohlhabenden Fossiliensammler – Oberstleutnant Thomas Birch, ein regelmäßiger Kunde im Kuriositätenladen der Annings –, besucht die Familie in dieser Zeit und ist tief betroffen von ihrer bitteren Armut.

Nachdenklich betrachtet er zu Hause seine geliebte Fossiliensammlung, die nur mit Ma-

Ich werde vielleicht niemals wieder so etwas besitzen wie das, von dem ich mich gerade trenne, doch wenn ich es tue, werde ich die Befriedigung haben zu wissen, dass das Geld gut angelegt ist.
Oberstleutnant Thomas Birch

Mary Annings Familie ist 1820 aus Geldnot gezwungen, ihre Möbel zu verkaufen.

Links: Auch heute noch leben manche Menschen in Lyme Regis vom Verkauf der Fossilien, die sie am Strand finden. Es gibt mehrere Läden und Verkaufsstände.

rys Hilfe zusammengekommen ist. Dann trifft er einen Entschluss: Er wird seine Sammlung versteigern und den Erlös den Annings zukommen lassen.

Als hätte Birch begriffen, dass Marys einzigartiges Talent für alle Menschen das Tor zur weit entfernten Vergangenheit öffnet! Als wäre ihm klar, wie wichtig es ist, dass sie mit ihrer Arbeit weitermacht!

Bei der Versteigerung seiner Kostbarkeiten im Mai 1820 kommen 400 Pfund für die Annings zusammen. Und mit diesem Polster kann Mary ihre Suche fortsetzen, muss nicht als Dienstmädchen arbeiten, um ihren Lebensunterhalt zu verdienen. Und das Glück kommt zurück: 1821 gräbt sie den ersten *Ichthyosaurus platyodon* aus, zwei Monate später den ersten *Ichthyosaurus vulgaris* und wieder nur wenige Monate später einen weiteren Ichthyosaurier. Und dann wieder nichts. Über Monate kein einziger nennenswerter Fund. Höchstens mal ein Orakelstein, von dem sie inzwischen weiß, dass es sich dabei um einen Ammoniten handelt, ein Lebewesen, das mit dem heutigen Nautilus verwandt ist. Oder sie findet einen Belemniten, den die Leute „Donnerkeil" nennen und für den es kaum Geld gibt, weil Belemniten einfach zu zahlreich am Strand zu finden sind. Die Angst sitzt Mary im Nacken. Erst nach über eineinhalb Jahren vergeblicher Suche wendet sich das Blatt erneut.

Am Fuß der Black-Ven-Klippen stößt Mary Anning am 10. Dezember 1823 auf einen steinernen Schädel. Er ähnelt keineswegs einem Ichthyosaurier. Er ist viel kleiner, etwa zwölf Zentimeter lang, und sieht aus wie der Kopf einer Schildkröte. Mary fängt fieberhaft an zu graben. Das muss der Plesiosaurus sein, nach dem sie so beharrlich gesucht hat!

Der Schädel liegt ziemlich tief im Sand. Wie immer wenn sie einen interessanten Fund macht, vergisst Mary völlig die Zeit. Auch die eisige Kälte und den schneidenden Wind nimmt sie nicht wahr. Sie merkt nicht, dass sie von der aufspritzenden Gischt völlig durchnässt wird. Sie verspürt keinen Hunger, keinen Durst. Nur Neugierde, und tiefe Freude. Nach und nach legt sie das Rückgrat des unbekannten Tieres frei. Eine schlangenartige Form taucht aus der Vergangenheit auf. Ein Wesen mit scheinbar unendlich langem Hals. Es sieht auf den ersten Blick aus wie eine Schlange, die von einer Schildkröte gezogen wird. So ein Geschöpf hat noch nie ein Mensch zu Gesicht bekommen.

Mary weiß, dass ihr nicht viel Zeit bleibt. Sie muss das steinerne Tier so schnell wie möglich bergen, sonst wird es von der aufkommenden Flut ins Meer gerissen. Sie holt Hilfe. Ihr kleiner unerschrockener schwarz-weißer Hund Tray bewacht unterdessen das Ungeheuer, damit andere Fossilienjäger den Fund nicht für sich beanspruchen. Während der Nacht legt Mary mit anderen mutigen Dorfbewohnern 90 Wirbel frei, und mit vereinten Kräften gelingt es ihnen, das Ungeheuer vor der Flut in Sicherheit zu bringen.

2,70 Meter misst das rätselhafte Wesen. Es hat Zähne wie ein Krokodil und besitzt 14 Rippen, die denen einer Eidechse ähneln. Es hat keine Beine, sondern paddelförmige Flossen. Das Auffallendste aber ist der lange schlangenartige Hals. Er ist fast doppelt so lang wie der übrige Körper, länger als jeder Schwanenhals.

Für 110 Pfund kauft der Graf von Buckingham Mary das eigenartige Geschöpf ab. Bei den Annings kommt zum ersten Mal seit langer Zeit wieder etwas Fleisch auf den Tisch.

Als die Geologen in London von Marys aufregender Entdeckung hören, geraten sie in helle Aufregung. Sie reißen sich gegenseitig die Skizzen aus der Hand, die die junge Frau angefertigt hat, und versuchen sich auf das, was sie da vor sich sehen, einen Reim zu machen. Hat Mary Anning tatsächlich den langgesuchten Plesiosaurus gefunden? Das Tier ist zu merkwürdig!

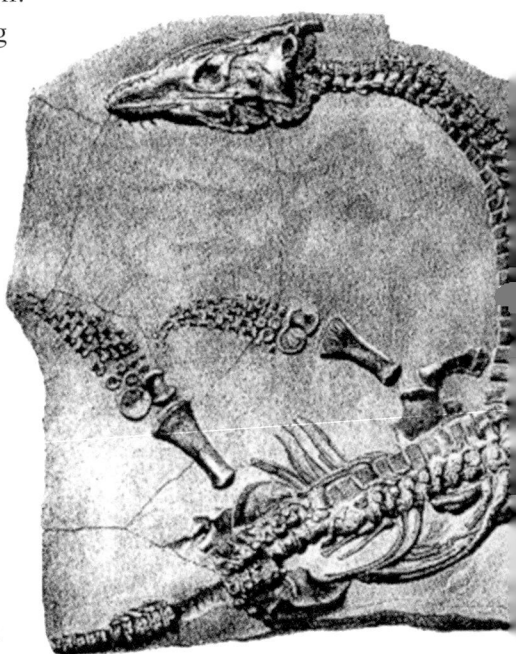

So wie im Bild rechts oben muss man sich die Bergung von Mary Annings erstem Plesiosaurier vorstellen. Das linke Bild zeigt ein besonders gut erhaltenes Exemplar eines weiteren von Mary gefundenen Plesiosauriers.

Wie konnte sich das Geschöpf nur bewegen? Konnte es seinen langen Hals aufrecht halten? Der Plesiosaurus – falls es denn ein solcher ist – scheint so unbeweglich und mit seinem kleinen Kopf so überaus unintelligent, dass er bestimmt eine leichte Beute für den Ichthyosaurus war. Die Geologen diskutieren sich die Köpfe heiß. Man beschließt, den berühmtesten Naturforscher der Welt zu befragen: Georges Léopold Chrétien Frédéric Dagobert Cuvier in Paris. Cuvier ist eine anerkannte Autorität in allen Fragen, die den Bewegungsapparat lebender und ausgestorbener Tiere betreffen. Ein überaus scharfer Verstand.

Ein Mann, der alle 19 000 Bücher seiner privaten Bibliothek Seite für Seite auswendig zu kennen scheint, ein Mann, der die Skelette verschiedener Lebewesen miteinander verglichen und systematisch alle Ähnlichkeiten und Unterschiede herausgearbeitet hat – „vergleichende Anatomie" nennt sich sein Spezialgebiet. Er ist in der Lage, aus einigen wenigen Knochen die Gestalt eines ganzen Tieres herzuleiten. Und er irrt nie! Der Mann ist ein Genie.

Was Cuvier sagt, als er die Skizzen von Marys Plesiosaurus sieht, ist für die Annings vernichtend. Er erkennt natürlich sofort, dass alle Proportionen des Tieres im Missverhältnis zueinander ste-

All diese Erkenntnisse sind der unwiderlegbare Beweis dafür, dass es eine Welt vor der unsrigen gab. Und dass sie durch irgendeine Art von Katastrophe zerstört wurde.

Georges Cuvier

Georges Cuvier

Georges Léopold Chrétien Frédéric Dagobert Cuvier **(1769–1832)** stammt aus einer württembergischen Hugenottenfamilie und geht in Stuttgart zur Schule. Er gilt als Begründer der Paläontologie. Als Hauslehrer bei einer Familie in der Normandie angestellt, studiert er ausgiebig die Vielfalt der Meerestiere – Fische, Mollusken, Würmer und Seesterne. Später wird er nach Paris berufen, wo er sich einen Namen als Professor im Bereich der Vergleichenden Anatomie macht. Er teilt alle Tiere in vier Klassen ein: Gliedertiere, Hohltiere, Wirbeltiere und Weichtiere. Außerdem verfasst er mehrere Studien über ausgestorbene Tiere. **1831** wird er wegen seiner großen Verdienste zum Baron erhoben.

hen. Der Kopf ist zu klein, der Hals zu lang, die Paddel an den Seiten sind äußerst merkwürdig. Säugetiere haben höchstens sieben Halswirbel, rechnet Cuvier vor, Reptilien mit Beinen allerhöchstens neun. Doch dieser angebliche Plesiosaurus hat gleich 35 Halswirbel. Cuvier ist der Ansicht, dass Mary die Experten allesamt zum Narren hält. Dass sie Kopf und Hals einer Seeschlange am Körper eines Ichthyosaurus befestigt hat. Das Geschöpf weist, wie um Cuvier recht zu geben, am Hals eine verdächtige Bruchstelle auf. Für den berühmtesten Anatomen ist der Fall klar: Der Duke von Buckingham, der das Fossil erstanden hat, ist schamlos betrogen worden. Es wäre nicht das erste Mal, dass Fossilien aus reiner Geldgier gefälscht wurden. Mit etwas Ruß zum Färben und Gips als Modelliermasse lassen sich die erstaunlichsten Skelette zaubern.

Auf diese Einschätzung hin beruft die Geologische Gesellschaft in London für den 20. Februar 1824 eine Sondersitzung ein. Mary Anning ist nicht eingeladen. Sie sitzt in ihrem Häuschen in Lyme Regis und bangt um ihren guten Ruf. Wenn sie ihn verliert, dann ist alles verloren. Keiner wird ihr mehr etwas abkaufen. Doch zu aller Überraschung hält einer der Herren Geologen eine flammen-

Plesiosaurier

Plesiosaurier sind Meeresreptilien, die vor 180 Millionen Jahren im Erdmittelalter lebten. Sie sind keine Dinosaurier. Plesiosaurier unterteilen sich in zwei Gruppen: die Plesiosaurier in engerem Sinne mit langen Hälsen, kleinen Köpfen mit gleichförmigen Zähnen und massigen Körpern. Und in die Gruppe der Pliosaurier mit kurzen Hälsen, monströsen Köpfen und einem eindrucksvollen Raubtiergebiss. Beide Gruppen besitzen paddelartige Flossen, die sie unter Wasser wie Flügel auf und ab bewegen.

de Rede – für Mary Anning, und für die Echtheit des Plesiosaurus. Reverend Conybeare hat einen Vortrag vorbereitet: „Bericht über die Entdeckung eines vollständigen Plesiosaurus-Skeletts".

Und plötzlich macht alles, was an dem Tier widersprüchlich schien, einen Sinn. Die Mitglieder der Geologischen Gesellschaft sehen es nun vor ihren Augen. Als wäre der Plesiosaurus zu neuem Leben erwacht.

Dass der Plesiosaurus im Wasser gelebt habe, bewiesen seine Flossen, so Conybeare. Er räumt ein, dass der lange Hals das Tier bei seiner Fortbewegung im Wasser stark behindert hätte, und folgert daraus, dass sich der Plesiosaurus in Ufernähe aufgehalten haben müsse. Im Dickicht der Uferpflanzen konnte er sich optimal vor gefährlichen Feinden wie den Ichthyosauriern verbergen. Im seichten Wasser lauerte er, den langen Hals zurückgebogen wie ein Schwan, verborgen im Seetang auf Beute. Kam ein Fisch in Reichweite, stieß er herab, packte sein Opfer kraftvoll und überraschend aus dem Hinterhalt und schlang es hinunter.

Es ist still geworden während Conybeares Vortrag. Auch als er geendet hat, hängen die Mitglieder der Gesellschaft noch einige Momente ihren Gedanken nach, die sie in eine längst vergangene Welt geführt haben. Doch dann brandet stürmischer Applaus auf. Und keiner zweifelt mehr an Mary Annings Ehrlichkeit.

Später sieht Cuvier seinen Irrtum ein. Auch ein Genie kann mal irren. Besonders wenn wie aus dem Nichts unbekannte Geschöpfe auftauchen, die man mit keinem bekannten Tier dieser Welt vergleichen kann, die man erst ganz neu einordnen und verstehen muss.

Mary mit ihrem treuen Begleiter Tray

 Mary Anning

Mary Anning wird am **21. Mai 1799** in Lyme Regis in der Grafschaft Dorset geboren. Von den zehn Kindern der Familie überleben nur sie und ihr zwei Jahre älterer Bruder Joseph. Ihr Vater Richard ist Tischler und begeisterter Fossiliensammler. **1810** stirbt Marys Vater an den Folgen eines Absturzes von der Steilküste; er hinterlässt der Familie einen Schuldenberg. **1812** entdeckt Mary das Skelett eines Ichthyosaurus, später auch andere bedeutende Fossilien. Das wissbegierige Mädchen, das nur ein knappes Jahr die Schule besuchen kann, hat dank der Hilfe einer wohlhabenden Frau Zugang zu Büchern und liest alles über die Fossilienkunde, was Mary nur bekommen kann. Sie bringt sich sogar selbst Französisch bei, um Cuviers Werke im Original lesen zu können. Am **9. Mai 1847** stirbt sie mit nur 47 Jahren an Brustkrebs.

Das Monster von Aramberri

> > > Seit den Tagen von Mary Anning sind fast 200 Jahre vergangen. Während die Geologie und die Fossilienkunde damals noch in den Kinderschuhen steckten und man anhand der wenigen Funde auf Vermutungen über die Entstehung der Erde und die Tiere der Urzeit angewiesen war, wissen heutige Wissenschaftler darüber sehr viel mehr. Speziell mit Fossilien, also mit den versteinerten Überresten urzeitlicher Tiere und Pflanzen, beschäftigt sich ein ganz eigener Wissenschaftsbereich: die Paläontologie. Zu Mary Annings Zeit hatten die Forscher noch keine gesicherten Methoden zur Verfügung, das genaue Alter von Gesteinsschichten zu bestimmen, und man konnte nur sagen, welche Schicht jünger und welche älter war. Heute gibt es dagegen Verfahren, das genaue Alter von Gesteinsschichten und damit auch der Fossilien, die man in ihnen findet, festzustellen. Man nutzt dafür Messmethoden, bei denen man das Wissen über die Radioaktivität und das Verhalten von Isotopen anwendet. Vulkangestein z. B. enthält radioaktive Elemente, deren Zerfall mit Ausbruch des Vulkans beginnt. Findet sich Vulkangestein in einer Gesteinsschicht, kann man so das Alter dieser Schicht ziemlich genau bestimmen.

Die Paläontologen kennen inzwischen weltweit zahlreiche sogenannte Fossillagerstellen, wo versteinerte Dinosaurier zu finden sind. Bis zum heutigen Tag wurden mehr als 800 Dinosaurierarten benannt. Und immer wieder tauchen versteinerte Überreste von Tieren auf, die uns völlig fremd sind.

Doch auch heute noch sind Forscher bei ihrer Arbeit allem Können und aller Erfahrung zum Trotz auf Glück angewiesen, wollen sie einen besonderen Fund machen. Es gibt keine technischen Gerä-

? Altersbestimmung

Zur Altersbestimmung von Gesteinsschichten gibt es verschiedene Methoden. Sogenannte Leitfossilien können einer bestimmten Schicht (auch Stratum genannt) und damit auch einer bestimmten geologischen Epoche zugeordnet werden. Wichtige Leitfossilien der Kreidezeit sind z. B. bestimmte Ammoniten. Diese Art der *relativen* Altersbestimmung wird Biostratigrafie genannt. Bei manchen Gesteinsschichten kann man das *genaue* Alter durch Messung von radioaktiven Substanzen bestimmen. Dieses Verfahren nennt man radiometrische Altersbestimmung.

Bis heute machen Arbeiter beim Bau von Straßen gelegentlich unerwartete Funde. Hier stößt ein Bautrupp in Kalifornien auf die versteinerten Überreste eines Mammuts, eines ausgestorbenen Verwandten des Elefanten.

te, die beim Aufspüren von fossilen Knochen helfen. Eigentlich hilft nur der Zufall. Wenn eine Straße, eine Eisenbahnlinie, ein Kanal oder ein Haus gebaut werden, wenn ein Brunnen gegraben wird, wenn Felsen verwittern – das alles sind Umstände, bei denen man auf Fossilien stoßen kann. Handelt es sich um einen interessanten, besonderen Fund, braucht man Phantasie, Durchhaltevermögen und natürlich genaue Kenntnis der bisherigen Funde, bis man sicher weiß, ob man auch wirklich auf eine neue Art gestoßen ist oder nicht. Dieser Prozess kann jahrelange Forschungsarbeit in Anspruch nehmen. Manchmal findet man zum Beispiel ein intaktes Skelett eines scheinbar unbekannten Dinosauriers. Aber weil vielleicht vor 77 Jahren bereits ein anderer Fossiliensucher ein Fußknöchelchen oder einen Zahn genau dieser Dinosaurierart gefunden hat, kann man sich nicht als Entdecker einer neuen Art feiern lassen. Dieser Ruhm fällt dem Entdecker des Knöchelchens zu.

Trotz aller Schwierigkeiten gibt es auch heute in aller Welt Wissenschaftler, die ihr ganzes Leben der Suche nach den Tieren der Urzeit widmen. Einer der bekanntesten ist der deutsche Paläontologe Dr. Eberhard Frey. Er ist Leiter der geologischen Abteilung des Staatlichen Museums für Naturkunde in Karlsruhe. Alle nennen Dr. Frey „Dino" Frey – schon als kleinen Jungen. Dinos faszinieren ihn, seit er denken kann. Als er gerade einmal vier Jahre alt

 Paläontologie

Der Begriff stammt aus dem Griechischen und bedeutet „Lehre vom alten Seienden". Er ist seit etwa 1825 gebräuchlich. Paläontologie ist also eine Wissenschaft, die sich mit den fossilen Überresten von Lebewesen vergangener Erdzeitalter beschäftigt, sowohl von Tieren als auch von Pflanzen. Ein Teilgebiet der Wissenschaft ist die Biologie: Sie erforscht, wie die ausgestorbenen Lebewesen aussahen, wie und wo sie lebten und wie sie sich entwickelten. Ein zweites Teilgebiet, die Geologie, beschäftigt sich mit Prozessen in und auf der Erde und wie diese die Erde verändert haben. Sie untersucht auch, was vom Absterben der Lebewesen bis zum fertigen Fossil passiert und welche Fossilien in welchen Gesteinsschichten vorkommen.

war, hatte er seine erste Begegnung mit Dinosauriern. Eigentlich waren es nur in einem Buch abgebildete Dinosaurierknochen. Das Buch – es hieß *Tiere der Urzeit* – hatte ein Onkel geschenkt bekommen, bei dem die Familie das Weihnachtsfest feierte. Dino Frey kann sich heute noch an die Gänsehaut erinnern, die er bekam, als er die riesigen dunkelbraunen Knochen in dem Buch ansah. In der Nacht wanderten die Monster der Urzeit durch seine Träume. Alte Knochen haben ihn seit diesem Tag nie wieder losgelassen. Und als er mit fünf Jahren in einer Klostermauer seinen ersten Ammoniten findet, stellt er sich vor, dass er eines Tages einmal selbst das Skelett eines Sauriers ausgraben wird. Das wird sein größter Traum.

Nach der Schule studiert Dino Frey Biologie. Zoologie wird sein Hauptfach, Paläontologie sein Nebenfach. Wer Dinojäger werden möchte, könnte auch Geologie studieren. Aber mehr als die Steine haben Dino Frey immer schon die Lebewesen interessiert. Bereits als Kind stellte er sich die Frage: Wie haben die Tiere vergangener Zeiten gelebt, wie haben sie sich vorwärts bewegt? Manchmal versteinern Dinosaurierspuren. Die Paläontologen können dann aus den Abständen zwischen den Fußspuren herauslesen, wie hoch die Hüfte des Tieres gewesen sein muss, wie schwer das Wesen war und wie schnell es sich vorwärts bewegt hat. In Dino Freys Phantasie sind all die steinernen Tiere in Bewegung. Er liebt es, herauszufinden, auf welche Weise sie einen Fuß vor den anderen setzten. Besonders Krokodile haben es Dino Frey angetan, ausgestorbene Formen ebenso wie Krokodile von heute.

Unten: Eine Raubsaurierspur, die Ende der 1990er-Jahre in Mexiko entdeckt wurde. Fossile Fußspuren bergen viele Informationen, die wir nicht aus Knochen gewinnen können. Sie geben über die Art der Fortbewegung, das Verhalten des Urzeittieres und seine Umgebung Auskunft.

Aus den Alpträumen wurden Vorstellungen, wie das wohl wäre, wenn solche Tiere heute noch auf der Erde leben würden?

Dino Frey

Unten: Das Halswirbel-„Kunstwerk" in der Universität von Linares, das Dino Frey auf die Spur des Monsters bringt. In den Sammlungen in Linares tauchen weitere Wirbel des Tieres auf, die er im rechten Bild gemeinsam mit seinem Kollegen Wolfgang Stinnesbeck präsentiert.

In seiner Doktorarbeit ging er der Frage nach, ob man aus der Fortbewegung der heutigen Alligatoren Rückschlüsse auf die Fortbewegung von ausgestorbenen Formen ziehen kann.

Inzwischen ist sein großer Kindheitstraum tatsächlich in Erfüllung gegangen. Dr. Frey ist an zahlreichen Grabungen nach fossilen Knochen überall auf der Welt beteiligt. Manchmal macht er sich nach einem Tipp auf die Suche und zieht nach tagelanger, mühevoller Suche eine Niete. Beispielsweise als er sich in der israelischen Negev-Wüste auf die Suche nach unbekannten Flugsauriern macht und am Ende doch nur versteinerte Baumstämme findet.

Manchmal zieht er aber auch einen Hauptgewinn und findet ein fast vollständig erhaltenes Tier. Das „Monster von Aramberri", sein spektakulärster Fund, ist solch ein Volltreffer. Dino Frey hat ihn einem glücklichen Zufall zu verdanken. Zusammen mit seinen Kollegen Dr. Wolfgang Stinnesbeck und Marie-Céline Buchy macht er 2000 einen Forschungstrip nach Mexiko und besucht dort auch die Universität von Linares. In der Ecke eines Hörsaals steht ein blau angestrichener sechseckiger Betonklotz voller Staub und Spinnweben, nicht gerade ein Prunkstück. Wolfgang Stinnesb⁄ ⁊eist seine Kollegen auf das Wirbelsäulenstück in diesem K¹ ⁘ wohl eine Art Kunstwerk darstellen soll. Dino Frey ⁊ zösische Kollegin Marie-Céline Buchy sind begei⁊ Wirbel liegen da vor ihnen, einige sind über 20 ⊤

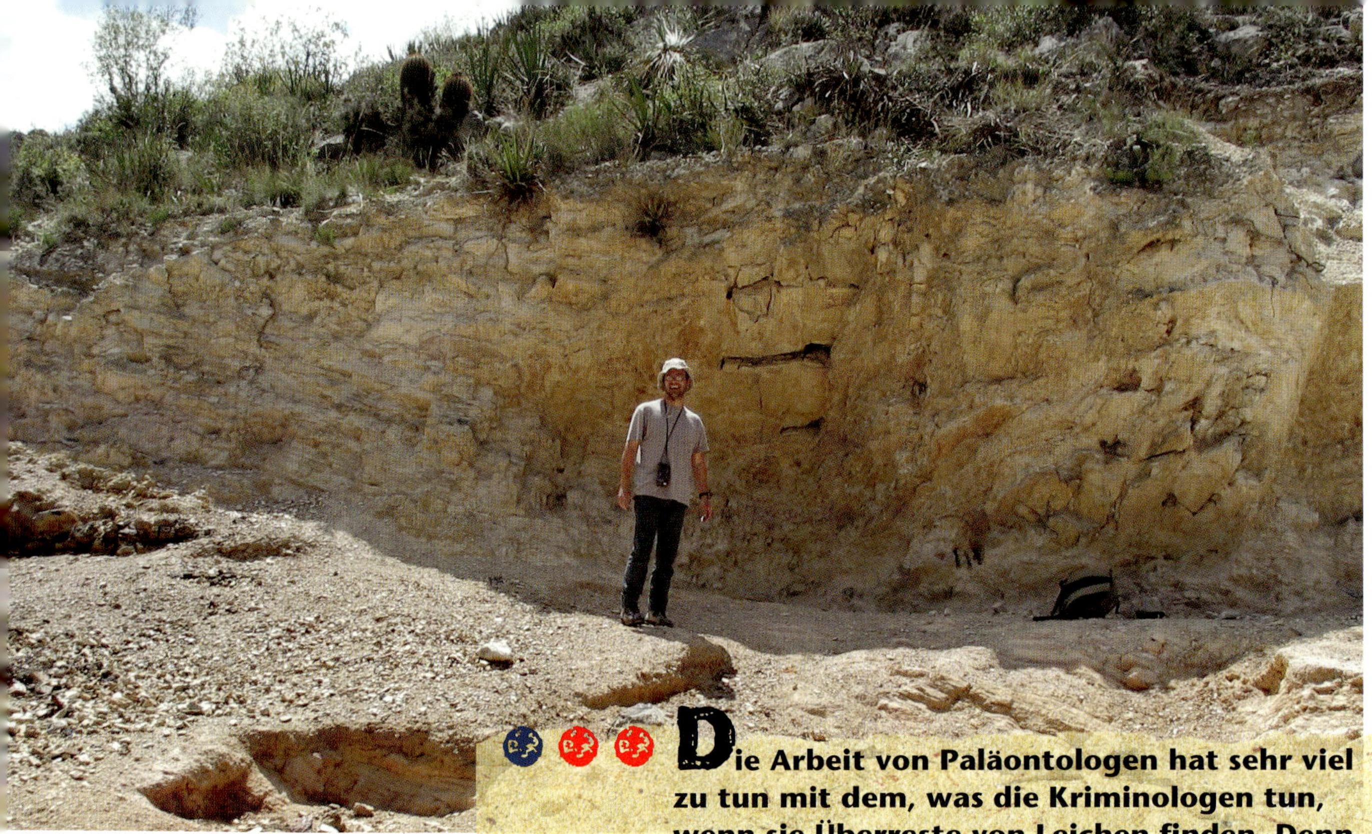

Die Arbeit von Paläontologen hat sehr viel zu tun mit dem, was die Kriminologen tun, wenn sie Überreste von Leichen finden. Denn das tun wir ja auch: Wir finden Leichenreste.

Dino Frey

wunderbares Stück! Man erklärt Dino Frey, dass ein Student die Entdeckung in der Wüste gemacht habe. 1985 stieß er in der Sierra Madre Oriental auf diese riesigen Knochen. Sie stachen aus einem Fels heraus. Mit einem selbst gebauten Motorschlitten wurden diese Dinosaurierknochen geborgen und zur Universität geschleppt. Marie Buchy schüttelt den Kopf: „Das ist kein Dinosaurier. Das ist ein Meeressaurier!", sagt sie.

In diesem Hangabbruch wird das „Monster von Aramberri" nach langwieriger Suche gefunden. Dino Frey und sein Team staunen, wie gut das Skelett des über 15 Meter langen Pliosauriers darin erhalten ist.

Tausend Fragen schießen Dino Frey gleichzeitig durch den Kopf. Wie um alles in der Welt bewegte sich solch ein Riesentier nur durchs Wasser? Und während er fast ehrfürchtig hinzufügt: „Ein Pliosaurier aus der Gruppe der Plesiosaurier. Aber der größte, den ich je gesehen habe!", weiß er schon, dass er sich so schnell es geht mit dem Team auf die Suche nach dem Rest des Tieres machen wird.

Schon wenige Monate später ist es so weit: Dino Frey begibt sich mit Wolfgang Stinnesbeck und weiteren Kollegen in die Sierra Madre, in die Nähe des Örtchens Aramberri, wo es vor 145 Millionen Jahren vermutlich eine Inselwelt

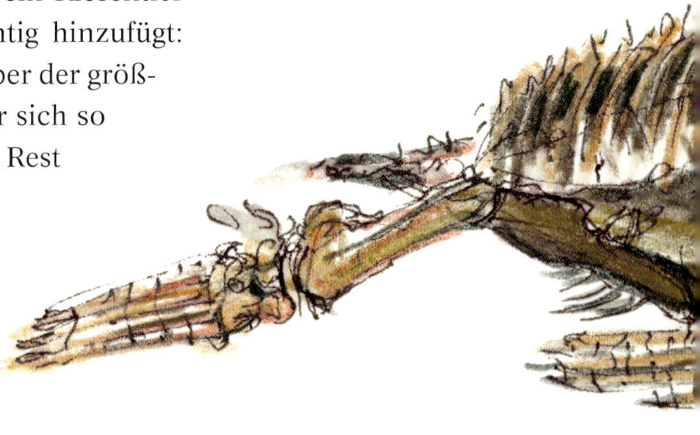

Alles Dinos?

Auch wenn fast immer von „Dinosauriern" die Rede ist, ist nicht jeder Saurier automatisch auch ein Dino. Dinosaurier waren nur die Urzeitechsen, die an Land lebten, wie z. B. das *Iguanodon*, ein Pflanzenfresser, oder *Tyrannosaurus rex,* ein Fleischfresser. Zudem gab es Meeressaurier, die im Wasser lebten. Dazu zählen *Plesiosaurier, Pliosaurier* und *Ichthyosaurier.* Sie ernährten sich von Fischen und Kopffüßern. Der gigantische Pliosaurier fraß auch Ichthyosaurier und Meereskrokodile. Die dritte Sauriergruppe waren die Pterosaurier (Flugsaurier). Sie hatten ledrige Hautflügel und ernährten sich hauptsächlich von Fischen. Alle Saurier starben an der Kreide-Tertiärgrenze vor 65 Millionen Jahren aus. Das Erdmittelalter war damit zu Ende, die Erdneuzeit begann.

gab. Es gelingt den Wissenschaftlern, in dem Hangabbruch, in dem der findige Student das Wirbelsäulenstück geborgen hat, nach mühevoller Suche die Gesteinsschicht aufzuspüren, in der der Rest des Tieres lagert. Und dann machen sie sich bei weit über 40 Grad Hitze an die Arbeit. Sie bearbeiten den Fels mit Hammer und Pickeln, schließlich mit einem Benzinhammer. Nach und nach taucht das riesige Geschöpf aus dem Gestein auf. „Das Monster von Aramberri" wird es getauft. Sehr schnell ist den Wissenschaftlern klar, dass sie dabei sind, nicht nur den größten, sondern auch den vollständigsten Pliosaurier der Welt zu bergen. Solch eine Entdeckung ist ganz bestimmt nicht alltäglich.

Das Monster von Aramberri hatte eine Länge von 15 bis 18 Metern. Er war vollständig erhalten, als er im Gestein eingebettet wurde, und war immer noch erhalten, als er im Laufe der Jahrmillionen durch geologische Prozesse, die die Sierra Madre Oriental entstehen ließen, 1300 Meter über den Meeresspiegel gehoben wurde.

Das Tier hatte einen Körper wie eine Tonne, einen Hals wie ein Baumstamm; der Schädel war so lang wie ein Kleinwagen, vier Flossen trieben es voran, und jede davon war etwa vier Meter lang. Leider war der größte Teil des mächtigen Schädels nicht erhalten. Das riesige Maul muss ein furchterregendes Gebiss aus bis zu 80 dolchartigen Zähnen gehabt haben. Der Pliosaurier entpuppt sich als der größte bekannte Fleischfresser aller Zeiten. Im ausgewachsenen Zustand wurde er mindestens 90 Tonnen schwer – so viel wie zehn Elefanten zusammen. Von seiner Größe her hätte er ohne weiteres einen *Tyrannosaurus rex* fressen können.

Das Fossil ist bis heute noch nicht vollständig dem Fels entrissen, in dem es seit Millionen von Jahren eingeschlossen ist. Tonnen von Pliosaurierknochen warten noch darauf, aus dem Gestein befreit und aufbereitet zu werden.

Neugierig untersucht Dino Frey jeden einzelnen Knochen, den sie bergen können. Schon bald weiß er, dass dem Tier zu Lebzeiten etwas Entsetzliches passiert sein muss. Das Monster ist keineswegs eines natürlichen Todes gestorben. Es war trotz seiner beeindruckenden Größe noch ein Jungtier, als es umkam. Spätestens jetzt beginnt die Detektivarbeit der Dinoforscher.

Paläontologen beschäftigen sich mit Todesfällen, die vor Millionen von Jahren stattgefunden haben. Sie gehen dabei ähnlich vor wie die Gerichtsmediziner bei der Polizei. Die Bedingungen sind für Paläontologen aber natürlich sehr viel schwieriger als für die Kriminalpolizei.

Im Falle des Monsters von Aramberri muss Dino Frey mit der Schwierigkeit umgehen, dass sich der Todesfall vor rund 145 Millionen Jahren ereignete, dass das Beweismaterial auf den Meeresboden gesunken ist und dann mit Tonnen und Tonnen von Schlamm bedeckt wurde. Dennoch hat Dino Frey inzwischen vieles über das gefahrvolle Leben und auch über das qualvolle Ende des Tieres herausgefunden.

Der junge Pliosaurier – das Monster von Aramberri – jagte anscheinend in einem Gebiet, das zum Revier eines noch weitaus größeren Pliosauriers gehörte. Der größere griff den kleineren daher an, um ihn aus seinem Jagdgebiet zu vertreiben. Er biss ihn einmal kräftig in den Kopf und hinterließ eine schwere Wunde. Aus dem Zahnabdruck haben Dino Frey und sein Team rekonstruiert, dass der große Pliosaurier Zähne hatte, die an der Spitze noch einen Durchmesser von sechs Zentimeter hatten und deren Krone 40 Zentimeter lang war. Der Kopf des größeren Pliosauriers muss daher mindestens 1,20 Meter breit gewesen sein! Durch den kräftigen Biss wurde das Monster von Aramberri stark geschwächt. Aber die Wunde führte nicht zum Tode – die Wundränder der schweren Verletzung sind gut verheilt. Das Monster von Aramberri erholte sich und konnte sogar wieder jagen. Dino Frey weiß das, weil im Magen des Tieres angedaute, versteinerte Beutereste gefunden wurden. Der junge Pliosaurier war jedoch aus dem Schaden nicht klug geworden. Eines bitteren Tages wagte er sich ein weiteres Mal zu weit in das Revier eines stärkeren Artgenossen vor. Ein Leichtsinn, den er mit seinem Leben bezahlen musste. Wieder kam es zu einem Kampf. Und dieses Mal überlebte der junge Pliosaurier seine schweren Bissverletzungen nicht. Das Tier ging daran zugrunde. Das weiß man, weil diese Schädelverletzungen nicht verheilt sind.

❓ Erdbewegung

Der Wissenschaftler Alfred Wegener hatte erkannt, dass sich die Küstenlinien von Afrika und Südamerika wie bei einem Puzzle ineinanderfügen lassen. Er schloss daraus, dass es einst einen Superkontinent gegeben haben müsse, dessen Teile auseinander drifteten. Wegeners zunächst sehr umstrittene Theorie der sog. Kontinentalverschiebung wurde 40 Jahre später durch die Theorie der Plattentektonik bestätigt. Danach besteht die Erdkruste aus mehreren Platten, auf denen sich die Kontinente und Ozeanböden befinden. Diese Platten liegen auf 100 Kilometer unter der Erdoberfläche fließendem Gestein. Stoßen die Platten aneinander, können Gebirge aufgeworfen werden und ganze Ozeane verschwinden. Fossilien, die tief unterm Meeresboden begraben lagen, können in einem Berghang mitten in der Wüste wieder auftauchen.

Dieser Pliosaurier war der größte Fleischfresser aller Zeiten. Unser „Baby" hätte einen T-Rex zum Frühstück verspeist.

Dino Frey

Dass noch nie so ein riesiger Pliosaurier entdeckt wurde, ist kein Zufall. Es liegt daran, dass sich im Körper durch den Verwesungsprozess Gase bilden – je größer der Körper, desto größer die Menge der Gase. Sie halten den Kadaver wie einen Ballon im Wasser, wo er nach und nach auseinandergerissen wird. Nur wenn das tote Tier auf den Meeresboden sinkt und von Schlamm bedeckt wird, überdauert es die Zeiten. Dass das Monster so gut erhalten ist, legt die Vermutung nahe, dass bei dem Angriff auch der Körper des Tieres schwere Verletzungen davontrug. Durch die durch Bisse zerfetzten Gewebeschichten konnten die Gase entweichen. Das Tier sank daher in die sauerstoffarme, tote Zone auf dem Meeresboden in eine Tiefe von 150 bis 200 Metern herab. Dort wurde es nach und nach von dicken Schlammschichten begraben, und seine Knochen wurden in einem langwierigen Prozess allmählich zu Stein.

Wenn ein Pliosaurier einen Ichthyosaurier schnappt, kann er ihn nicht in einem Stück verschlingen. Mit einer kraftvollen Drehung um die eigene Körperachse reißt er die Beute in Stücke, um sie besser verspeisen zu können.

 Pliosaurier

Plesiosaurier teilen sich in zwei große Gruppen auf: in Pliosaurier und in Plesiosaurier in engerem Sinne. Pliosaurier sind groß und massiv gebaut. Ein ausgewachsenes Tier könnte einen Kleinwagen in seinem Maul aufnehmen. Pliosaurier haben im Gegensatz zu Plesiosauriern einen relativ kurzen Hals. Die größten dieser Meeresungeheuer erreichten folgende Ausmaße: Körperlänge: ca. 30 Meter, Zahnlänge: bis ca. 1 Meter, Gewicht: bis zu 90 000 Kilogramm, Schädellänge: ca. 4 Meter.

29

Wie geht ein Paläontologe bei einer Ausgrabung nun genau vor? Man kann seine Arbeit tatsächlich sehr gut mit der Arbeit einer Mordkommission bei der Kriminalpolizei vergleichen. Wie Kriminalisten sichern Paläontologen als Allererstes die Fundstelle. Kein Knochen darf verrückt werden – das ist das A und O.

Ein wahrer Frevel ist es für Dino Frey, wenn jemand einen Dinosaurier findet und dann die Knochen durcheinanderbringt, womöglich sogar den Schädel oder andere Teile entwendet. Solch ein zerstörtes Skelett kann keine Geschichte mehr über die Urzeit erzählen. So etwas kommt leider häufig vor. Nach der Absperrung und Sicherung wird der Fundort lückenlos dokumentiert. Dazu wird die Fundstelle zunächst satellitengestützt vermessen. Das nennt man Befundaufnahme.

Bei einer solchen Befundaufnahme läuft der Forscher mit einem Satellitenpositionierungssystem, dem GPS (abgekürzt für *Global Positioning System*), in der Hand herum und misst die Fundstelle ein. Wo genau liegt sie? Welche Ausmaße hat sie? Danach legt man ein Quadratmeter-Raster über die Fundstelle, zeichnet alle Knochen ein und fotografiert die Situation.

Nach der Prospektion erfolgt die Bestandsaufnahme: Was ist an Knochen da? Was fehlt? Wenn etwas fehlt – warum fehlt es? Ist es vor Millionen von Jahren weggefault, im Wasser weggetrieben oder irgendwie verschleppt worden? Oder war das Tier womöglich schlicht und einfach so gebaut? Bei all diesen Untersuchungen und Überlegungen taucht irgendwann die spannende Frage auf: Wie ist

Bei der Dokumentation der Fundstelle muss genauso sorgfältig gearbeitet werden wie bei der Bergung des Fossils.

Ein Präparator braucht viel Fingerspitzengefühl: Hier wird das Skelett eines kleinen Raubdinosauriers mit Zahnarztbesteck freigelegt.

Der Präparator

Fossilien müssen mit großer Vorsicht aus dem Gestein, das sie umgibt, herausgelöst werden. Der Präparator geht diese Herausforderung je nach Material mit Hilfe von druckluftbetriebenen Meißeln und Sticheln, mit Zahnarztbesteck oder mit einem Sandstrahler an. Die Trennung von Versteinerung und Gestein ist häufig nicht ganz offensichtlich. Schwierig wird es auch, wenn das Fossil weicher ist als das Gestein, in das es eingebettet ist. Ein Präparator muss über ein gutes räumliches Vorstellungsvermögen verfügen und das Tier, das präpariert werden soll, gut kennen. Häufig ist das Skelett eines versteinerten Tieres zerbrochen. Dann muss der Präparator es – meist aus vielen kleinen Puzzlestücken – zusammenfügen und festigen.

das Tier zu Tode gekommen? Ist es eines natürlichen Todes gestorben? Oder ist etwas Außergewöhnliches vorgefallen, das zu seinem Tod geführt hat? Kriminalisten würden diese Phase wahrscheinlich als „Rekonstruktion des Tathergangs" bezeichnen.

Der Hauptunterschied bei der Arbeit von Kriminalisten und Paläontologen ist die Beschaffenheit des „Tatorts". Im Fall der Paläontologen hat er in den zurückliegenden Jahrmillionen dramatische erdgeschichtliche Veränderungen durchlaufen. Was zur Kreidezeit Meeresboden war, ist im Falle des Monsters von Aramberri heute die 1000 Meter hoch liegende Sierra Madre! Wie durch ein Wunder blieb das Skelett auch bei diesen Erdbewegungen unbeschädigt.

Abgesehen von wenigen modernen technischen Hilfsmitteln wie dem GPS geht Dino Frey heute nicht viel anders vor als Mary Anning. Die eigentliche Arbeit – das Freilegen der Knochen – erfolgt immer noch mit Schaufel, Hammer, Schaber, Spatel und Pinsel. Die Handarbeit lässt sich durch keine Technik ersetzen. Der Paläontologe bewertet durch seine Erfahrung und durch genaues Hinsehen, wo der Knochen aufhört und wo das Sediment anfängt. Das kann kein technisches Gerät der Welt leisten. Der Wissenschaftler trifft die Entscheidung, ob und wo Gips, Kunststoff oder manchmal auch Sekundenkleber eingesetzt werden muss, um bröckelnde Knochen zu erhalten. Bei dieser Arbeit braucht man viel Fingerspitzengefühl. Manchmal sind die versteinerten Knochen weicher als das Gestein, in dem sie eingebettet sind. Beim kleinsten Hammerschlag zerbröselt das wertvolle Fossil zu Staub. So etwas kommt vor. Aber zum Glück gibt es ja noch den Beruf des Präparators, dessen Aufgabe es ist, die Fundstücke wiederaufzubereiten.

Was mit Sicherheit seit Mary Annings Zeit leichter geworden ist, ist die Bergung von schweren Knochen. Früher wurden tonnenschwere Skelette mit menschlicher Körperkraft und Pferdegespannen fortbewegt, heute gibt es dafür Fahrzeuge und Hubschrauber. Ohne die Hilfe zugkräftiger Maschinen hätte man das Monster von Aramberri in der mexikanischen Wüste nicht bergen können. Die Einheimischen haben eine neun Kilometer lange Straße gebaut, und mit Pickups, offenen Lastwagen, werden die Knochen nach Saltillo, Coahuila, ins Museum der Wüste gebracht, um sie dort zu präparieren. Die Rekonstruktion des gesamten Skeletts wird noch Jahre in Anspruch nehmen.

Wenn Dino Frey nicht gerade auf Ausgrabungen ist, arbeitet er im Museum in Karlsruhe. Als Leiter der Geologischen Abteilung werden ihm häufig Fossilien zum Kauf angeboten. Gelegentlich sind Stücke darunter, die zu einer neuen, bislang unbekannten Art gehören sollen. Zweifelt Dr. Frey manchmal an der Echtheit eines Fossils, so wie Cuvier an der Echtheit von Mary Annings Plesiosaurier gezweifelt hat?

Und ob – und das mit gutem Grund! Dino Frey berichtet von Händlern, die sich nicht auf die mühevolle Suche nach echten Fossilien machen, sondern vielleicht magere 30 Euro in die Herstellung eines Dinoschädels investieren und dann für das angeblich echte Fossil stolze 30 000 Euro verlangen. Heute wird nicht mehr mit Gips und Ruß gefälscht, wie zu Mary Annings Zeiten. Die Fälscher von heute haben bessere Tricks. Einer der wirkungsvollsten: Sie vermischen Knochenmehl mit Kunststoff und gießen die Masse in eine Knochengussform. Die Knochen, die man so erhält, kann man

Dino Frey wartet auf den Hubschrauber. Um das 400 Kilo schwere Teil aus der Wirbelsäule des „Monsters von Aramberri" vor Transportschäden zu schützen, hat er es eingegipst und gut verpackt.

Ohne Geologenhammer und Lupe, die Dino Frey um den Hals trägt, geht im Gelände nichts.

Eberhard „Dino" Frey

Dino Frey wird am **28. Juni 1953** in Ulm geboren. Schon als Kind begeistert er sich für Fossilien und träumt davon, eines Tages einen Dinosaurier auszugraben. Nach dem Abitur studiert er Biologie, Humananatomie, Geologie/Paläontologie, Parasitologie und Humangenetik in Tübingen und schreibt seine Doktorarbeit über lebende und ausgestorbene Krokodile. **1989** untersucht Dino Frey versteinerte Krokodile in der weltberühmten Grube Messel bei Darmstadt. Heute leitet er die Geologische Abteilung des Staatlichen Museums für Naturkunde in Karlsruhe und lehrt an der dortigen Universität Zoologie. Außerdem arbeitet er an zahlreichen Forschungsprojekten. Das Wichtigste in seinem Leben ist seine Tochter Tasmin, die in Mexiko aufwächst.

Dieses 400 kg schwere Knochen-
stück haben wir in mörderischer Hitze
zu sechst den Hügel raufgeschleppt.
Ein echter Knochenjob.

Dino Frey

auf dem Röntgenbild kaum von echten versteinerten Knochen unterscheiden, es sind sogenannte „röntgensichere" Fälschungen. Man muss also sehr vorsichtig sein beim Ankauf von Fossilien. Aber Dr. Frey hat einen verblüffend einfachen Trick, um Fälschern auf die Spur zu kommen: die „heiße Nadel". Er erhitzt mit seinem Feuerzeug eine Nadel und pikt sie in den Knochen hinein. Wenn die Nadel dann verdächtig nach Kunststoff riecht, weiß er Bescheid.

Weitaus schöner, als Fundstücke zu kaufen, ist es für Dino Frey jedoch, selbst welche zu entdecken – obwohl es im wahrsten Sinne des Wortes eine „Knochenarbeit" ist. „Es ist wirklich eine sehr gesunde Arbeit im Freien. Kann ich jedem nur empfehlen!", sagt er lachend. Für Dr. Frey ist die Arbeit von Paläontologen die schönste Arbeit der Welt.

5

Der geheimnisvolle Zahn

>>> Auch zu Mary Annings Zeit lässt das Dinofieber diejenigen, die davon befallen wurden, nicht wieder los. Etwa 250 Kilometer östlich von Lyme Regis wohnt ein weiterer begeisterter Fossiliensammler, der Landarzt Gideon Mantell.

Sooft er kann, macht er sich in den Steinbrüchen der Umgebung seines Heimatörtchens Lewes auf die Suche nach interessanten Versteinerungen. Schon als Kind hat er begonnen, Fossilien zu sammeln. Jede freie Minute widmet er seitdem der Geologie. Aber während Mary Annings Fundstücke fast vollständig erhalten sind – wunderbare Exemplare –, findet Mantell meist nur versteinerte Knochenbruchstücke.

Das hat folgende Ursache: Stirbt ein Tier an Land, so verschwindet sein Körper im Normalfall in kürzester Zeit. Aasfresser wie Geier, Hyänen oder Schakale machen sich über das Fleisch her, Insekten und Bakterien über die Überreste. Innerhalb von wenigen Monaten sind nur noch die blanken Knochen übrig. Mit den Jahren fällt das Wind und Wetter ausgesetzte Skelett auseinander. Nach spätestens drei Jahren gibt es kaum noch einen Hinweis auf das to-

? Gideon Mantell

Gideon Mantell wird am **3. Februar 1790** in Lewes in der südenglischen Grafschaft Sussex als Sohn eines Schusters geboren. Schon früh interessiert er sich für Versteinerungen und gilt als wissbegieriger Schüler. Mit 15 beginnt er seine Ausbildung zum Arzt. Während seines Studiums verbringt er ein Jahr in London, wo er mit führenden Geologen zusammentrifft. Mit 21 Jahren wird er Partner in einer Arztpraxis in seiner Heimatstadt Lewes. Seine Freizeit verbringt er mit Ausflügen in die Steinbrüche der Umgebung und identifiziert dort die verschiedenen Gesteinsschichten. **1816** heiratet er Mary Woodhouse, die ihn bei der Fossiliensuche unterstützt. Das Paar bekommt vier Kinder. Mantell verfasst zahlreiche Bücher über die Gesteinsschichten und Fossilien in Sussex. Er stirbt am **10. November 1852** in London.

Von den zahlreichen Exemplaren meiner Kollektion ist kein einziges perfekt. Der weitaus größere Teil besteht aus Bruchstücken.

Gideon Mantell

Der Steinbruch bei Whiteman's Green im Tilgate Forest, aus dem der berühmt gewordene Iguanodon-Zahn stammt. Mantell, im Vordergrund sitzend, sucht hier nach weiteren Knochen des geheimnisvollen Urzeittieres.

te Tier. Nur wenn ein Landtier an einem Flussufer oder an der Meeresküste stirbt, wenn es nach seinem Tod im Schlick versinkt oder auf andere Weise von schützenden Sand- oder Schlammschichten bedeckt wird, nur unter diesen sehr günstigen Bedingungen wird ein Landtier zum Fossil.

Gideon Mantell weiß aufgrund von versteinerten Pflanzen, die er gefunden hat, schon lange, dass Lewes einst von üppig wuchernden tropischen Regenwäldern bedeckt war, dass es inmitten einer Flusslandschaft gelegen haben muss. Die junge Wissenschaft der Geologie, die sich mit dem Aufbau der Erde und ihrer Entstehungsgeschichte befasst, kommt Gideon Mantell vor wie Zauberei. Mit ihr kann man den Felsen ihre Geheimnisse entlocken! Während seines Medizinstudiums trifft Mantell in London mit führenden Geologen zusammen. Die Rätsel, die die Steine ihm aufgeben, lassen ihm keine Ruhe. Er tauscht Briefe mit anderen Fossiliensammlern aus und besucht, sooft es nur geht, die Treffen der gerade erst gegründeten Geologischen Gesellschaft. Leider ist diese Wissenschaft sehr jung. Es ist zwar ehrenvoll und fesselnd, sich mit Fossilien zu beschäftigen, seinen Lebensunterhalt kann man davon jedoch nicht bestreiten. Wissenschaftler dieser Zeit stammen zumeist aus wohlhabenden Familien, sie gehen der Forschung aus Leidenschaft nach und sind finanziell unabhängig. Nicht so Mantell: fünfzig bis sechzig Patienten besucht der gewissenhafte Arzt täglich zu Hause, auch seine Praxis ist immer voll. Er ist ein außergewöhnlich guter Geburtshelfer. Zweihundert bis dreihundert Kinder kommen unter seiner Obhut jedes Jahr auf die Welt. Fast jede Nacht wird nach ihm gerufen. Nur nach getaner Arbeit, am Sonntag nach dem Gottesdienst und in den wenigen störungsfreien Nächten kann Mantell forschen.

An einem Frühlingstag im Jahre 1824 geschieht etwas, das seiner Forschungsarbeit die entscheidende Richtung gibt. Gideon Mantell reitet an diesem Tag zu einem Kranken in der Nähe der kleinen Stadt Cuckfield. Seine Frau Mary begleitet ihn. Während der Arzt seinen Hausbesuch macht, untersucht seine Frau einen Steinhaufen, der am Wegrand zum Ausbau der Straße aufgeschichtet ist. Sie findet eine interessante Versteinerung, kaum größer als ein Kieselstein. Um ihrem Mann eine Freude zu machen, steckt Mary ihren Fund ein und überreicht ihn Gideon nach seiner Rückkehr.

Mantell sieht sofort, dass es sich um einen Zahn handelt, eigentlich nur einen abgebrochenen Zahn. Könnte es ein Säugetierzahn sein? Etwa zweieinhalb Zentimeter lang ist er, die Krone stumpf, die Oberfläche breit und flach. Eindeutig der Zahn eines Pflanzenfressers! Ein sicheres, unerklärliches Gefühl sagt dem Arzt, dass es sich bei diesem Zahn um etwas Besonderes handelt, dass dieses kieselsteingroße Fundstück ein wichtiges Geheimnis enthält. Er lässt nicht locker, bis er die Bauarbeiter ausfindig macht, die den Steinhaufen am Straßenrand aufgeschichtet haben, aus dem seine Frau den Zahn herausgefischt hat.

Die Befragung der Arbeiter ergibt, dass der Zahn aus dem Steinbruch von Whiteman's Green im Tilgate Forest stammt, der, wie Mantell bereits weiß, eine sehr alte Schicht aus dem Erdmittelalter in sich birgt. Im Erdmittelalter gab es noch keine großen Säuge-

Um zu bestimmen, wie alt ein Tier der Urzeit ist, muss man sich die Gesteinsschicht ansehen, in der es gefunden wurde. Leitfossilien helfen bei der Altersbestimmung. In Sedimenten, die zur gleichen Zeit abgelagert wurden, findet man dieselben Leitfossilien.

Teeth of the IGUANODON a newly discovered FOSSIL ANIMAL.
Sandstone of TILGATE FOREST in SUSSEX.

Portion of the Jaw of the Iguanodon, four times magnified.

Iguanodon-Zähne, von Mantells Frau Mary gezeichnet. Bei den weniger abgenutzten Zähnen kann man deutlich die auffälligen Sägekanten erkennen. Sie ähneln den Zähnen eines Leguans, die zum Vergleich unten im Bild dargestellt wurden.

> **D**ie Zähne besaßen Merkmale, die so eigenartig waren, dass selbst dem oberflächlichsten Beobachter sofort aufgefallen wäre, dass hier etwas Neues und Interessantes vorliegt.
>
> Gideon Mantell

tiere. Zu dieser Zeit herrschten die Reptilien über die Erde. Das gibt Mantell die Gewissheit, dass der Zahn einem Reptil gehört haben muss. Keinem Meeresreptil, sondern einem auf dem Land lebenden Reptil.

In den folgenden Monaten sucht Mantell im Steinbruch von Whiteman's Green im Tilgate Forest gezielt nach Knochen, die zu diesem Zahn passen könnten. Es kommt tatsächlich einiges zusammen: Rippen, Schlüsselbein, Speiche, Schambein, Darmbein, Oberschenkelknochen, Schienbein, Mittelfußknochen, Wirbel und weitere Zähne.

Doch welche dieser Knochen können zu dem Tier gehört haben, dessen Zahn Mantells Frau gefunden hat? Welche gehören zu einem anderen Tier? Einige der Wirbelbruchstücke sind 12,5 Zentimeter lang, die Rippen einen halben Meter, ein Oberschenkelknochen hat den Durchmesser von 62,5 Zentimetern. Ein Gigant müsste dieses unbekannte Tier gewesen sein! Mit Knochen dieser Größe wäre es so riesig gewesen wie ein Haus! Ein Ungeheuer wie aus einem Alptraum. Eidechsenähnlich. Mehrere Tonnen schwer.

Gideon Mantell erschrickt vor seinen eigenen Gedanken. Gab es wirklich ein Herz, das stark genug war, um Blut durch solch ein Wesen zu pumpen?

Mantell schreibt viele Briefe, versucht herauszubekommen, ob ähnliche Knochen bereits an anderen Fundstellen aufgetaucht sind. Wenn er die Knochen doch nur richtig zusammensetzen könnte! Nacht für Nacht widmet er sich dem verwirrenden Rätsel und zeichnet seine Vermutungen auf.

Der Arzt gewöhnt sich daran, mit sehr wenig Schlaf auszukommen. Das Monster hat ihn fest im Griff, lässt ihn nie wieder aus seinen Klauen. Seine ganze Lebenskraft widmet er dem Tier, das ihm so viele Rätsel aufgibt.

Mantells geologische Leidenschaft wird zu einer enormen Belastung für seine Familie. Sie kostet ein kleines Vermögen. Mantell kauft viele interessante Stücke, um seine Sammlung zu erweitern.

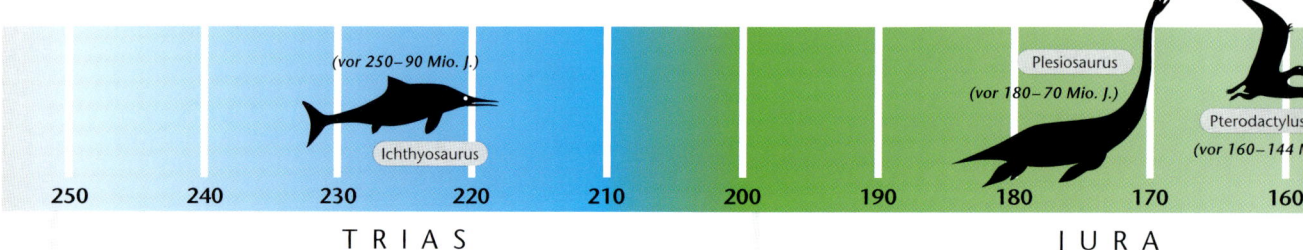

(vor 250–90 Mio. J.)

Ichthyosaurus

Plesiosaurus
(vor 180–70 Mio. J.)

Pterodactylus
(vor 160–144 M

| 250 | 240 | 230 | 220 | 210 | 200 | 190 | 180 | 170 | 160 |

T R I A S   J U R A

In ihrem Wohnzimmer ist bald kein Platz mehr für die Kinder oder Mantells Frau. Auf jedem Stuhl, auf dem Tisch, dem Sofa, dem Fußboden stapeln sich sorgfältig beschriftete Knochen.

Die Knochen, die Mantell teils erwirbt, teils in den Steinbrüchen selbst entdeckt, sind vermischt mit den Überresten von Schildkröten, Fischen, Muscheln und Pflanzen. Wie soll Mantell in diesem Durcheinander von Puzzlestücken nur die Teile herausfinden, die zu „seinem" Tier gehören, und diese dann auch noch richtig zusammensetzen? Immer wieder bespricht er sich mit den Experten der Geologischen Gesellschaft. Nicht einer teilt Mantells Einschätzung, dass es sich um die Zähne eines „gigantischen Tieres aus dem Eidechsenstamm" handeln könnte.

Die einen halten sie für die Zähne eines Säugetieres, die anderen für Fischzähne. Keiner zeigt Interesse an Mantells Fundstück. Gideon ist kein Wissenschaftler, er betreibt die geologische Forschung lediglich in seiner Freizeit, kommt noch dazu aus der Provinz. Außerdem ist er nur der Sohn eines kleinen Schusters ohne namhafte Fürsprecher aus der Oberschicht – man hat Vorurteile gegen Mantell, nimmt ihn schlichtweg nicht ernst. Die Geologen vermuten, dass Mantell überhaupt nicht das Wissen hat, die Gesteinsschicht, aus der der Zahn stammt, korrekt zu bestimmen. Wahrscheinlich datiert diese Schicht aus dem Steinbruch im Tilgate Forest aus der Erdneuzeit und nicht aus dem Erdmittelalter. Der kleine Landarzt hat sich eben geirrt, ist die allgemeine Meinung.

Eine Hoffnung auf öffentliche Anerkennung, darauf, dass der Zahn als der eines Landreptils erkannt und somit bestätigt wird, dass Mantell auf eine völlig neue, unbekannte Art gestoßen ist, bleibt noch: Cuvier! Wenn er den Zahn doch nur Georges Cuvier in Paris zeigen könnte! Cuvier wird Mantell recht geben.

Und die Gelegenheit kommt: Am 28. Juni 1823 ist ein Freund Mantells – der Geologe Charles Lyell – bei Cuvier zu Gast und zeigt ihm Mantells Schatz. Cuviers Urteil ist niederschmetternd:

 Erdzeitalter

Die Geschichte unserer Erde spielte sich in unvorstellbar langen Zeiträumen ab. Die Geologen zu Mantells Zeit unterteilten sie in drei große Zeitspannen: Erdaltertum (Paläozoikum), Erdmittelalter (Mesozoikum) und Erdneuzeit (Känozoikum). Die Dinosaurier herrschten im Erdmittelalter. In späterer Zeit war es der Wissenschaft möglich, diese Zeitspannen noch genauer einzugrenzen. Das Mesozoikum wurde in drei kleinere Zeitspannen unterteilt: Trias, Jura und Kreide. In diesen Perioden kamen und gingen ganz verschiedene Dinosaurierarten, wie in der Grafik oben dargestellt ist.

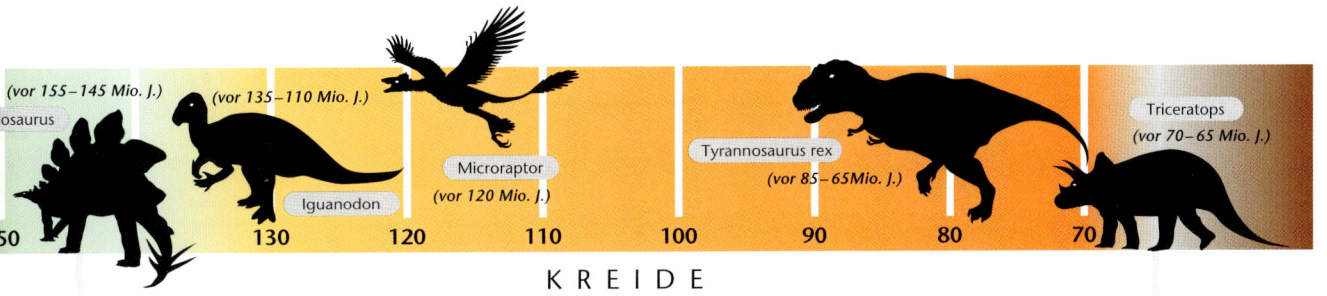

(vor 155–145 Mio. J.)

osaurus

(vor 135–110 Mio. J.)

Microraptor

(vor 120 Mio. J.)

Iguanodon

Tyrannosaurus rex

(vor 85–65Mio. J.)

Triceratops

(vor 70–65 Mio. J.)

50   130   120   110   100   90   80   70

K R E I D E

Der verwitterte Zahn sei nichts anderes als der obere Schneidezahn eines Rhinozerosses, sagt der berühmte Anatom. Wie um Cuvier recht zu geben, wird nur wenig später ein Horn im Steinbruch von Whiteman's Green im Tilgate Forest gefunden. Nichts anderes als das Horn des Rhinozerosses, lautet die einhellige Meinung der Gelehrten.

Mantell ist als Geologe erledigt. Er ist nach dieser Enttäuschung so niedergedrückt, dass er nicht mal mehr die Kraft aufbringt, Tagebuch zu schreiben. Jetzt ist endgültig Schluss mit dem vermaledeiten Knochenpuzzle!

Aber dann erhält er ein Paket mit weiteren versteinerten Zähnen aus dem Steinbruch von Whiteman's Green im Tilgate Forest. Er bezahlt die Arbeiter dort großzügig, damit sie für ihn Fossilien sammeln. Dieses Mal handelt es sich um junge Zähne. Der erste Zahn – der, den

Auf den ersten Bildern, die man von den gerade entdeckten Dinosauriern anfertigte, ähneln die Tiere meist blutrünstigen Drachen aus alten Legenden.

Der scharfe Verstand und das leuchtende Genie des Barons könnten wie der fabelhafte Zauberstab des Magiers dazu führen, dass die Lebewesen früherer Zeitalter an uns vorüberwandern.

Gideon Mantell

Links: Die Royal Society in London in ihrem prächtigen Tagungssaal

Unten: Die Rekonstruktion eines Iguanodons, die Gideon Mantell um 1833 selbst gezeichnet hat. Er stellt sich die Riesenechse auf einem Ast sitzend vor.

 Diese Zähne sind mir eindeutig unbekannt. Könnten wir es hier mit einem neuen, pflanzenfressenden Reptil zu tun haben?

Georges Cuvier

er Cuvier zeigen ließ – war ein alter Zahn, abgenutzt bis auf den Stumpf. Die jüngeren Zähne sind ganz anders! Sie haben eine auffällige Sägekante und können auf keinen Fall von einem Rhinozeros stammen! Von den Seiten betrachtet sehen sie aus wie ein fein gezacktes Sägeblatt.

Mantell schöpft wieder Mut. Er macht Zeichnungen von allen Zähnen, beschreibt die Schicht, in der sie gefunden wurden, und schickt alles nach Paris zu Cuvier. Dann wartet er unruhig auf Antwort.

Am 20. Juni 1824 erhält er einen Brief von Cuvier persönlich. Mit zitternden Händen öffnet Mantell das Kuvert. Dann liest er Cuviers in vollendeter Schönschrift verfasste Zeilen. Unbekannt! Das Tier ist dem großen Anatomen unbekannt! Es ist also bewiesen: Mantell hat eine neue Art entdeckt.

Endlich eine Bestätigung, dass er doch recht hat – allen Gelehrten zum Trotz! Überglücklich bedankt sich Mantell bei Cuvier für den Brief. Jetzt hat er die Kraft, weiterzumachen. Er wendet sich wieder seiner selbst gestellten Aufgabe zu: Sinn und Ordnung in die Trümmer einer lange verloren geglaubten Welt zu bringen.

Namen

Jede neu entdeckte Art eines Tieres, ob ausgestorben oder „rezent", d. h. heute verbreitet, erhält einen eigenen Namen. Der Wissenschaftler, der den Fund als Erster untersucht, darf den Namen aussuchen. Sobald der Name veröffentlicht wird, ist er offiziell gültig. Der Name ist lateinisch oder griechisch und besteht immer aus zwei Teilen: einem Gattungsnamen, geschrieben mit großem Anfangsbuchstaben, z. B. Iguanodon, und einem klein geschriebenen Artennamen, z. B. *mantelli* oder *bernissartensis.*

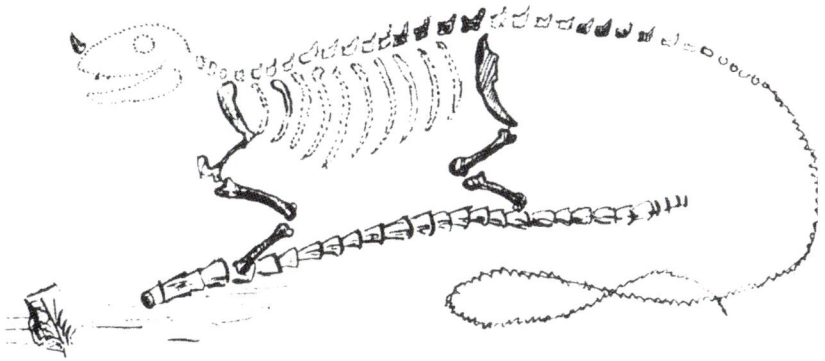

Gelehrte Gesellschaften

Die Royal Society wird bereits 1660 als Verein zur Förderung naturwissenschaftlicher Experimente gegründet. Die Gelehrten wollen wissenschaftliche Erkenntnisse nur anerkennen, wenn es für sie handfeste Beweise gibt. Von 1703 bis 1724 wird die Gesellschaft von dem berühmten Wissenschaftler Sir Isaak Newton geführt. Im 19. Jahrhundert kommt es zur Gründung zahlreicher weiterer naturkundlicher Gesellschaften in England, darunter auch der Geological Society of London. Sie wird 1807 mit dem Ziel gegründet, „die mineralische Struktur der Erde", also ihren geologischen Aufbau, zu erforschen. Einmal im Monat treffen sich die Gelehrten zu einem Abendessen, um ihre Forschungsergebnisse auszutauschen. Die Gesellschaft vergibt folgende Auszeichnungen für wissenschaftliche Leistungen: die Wollaston-Medaille, die Murchison-Medaille und die Ehrenmitgliedschaft, die u. a. Mary Anning verliehen wurde.

Mantell reist mit seinen Zähnen im Gepäck ins naturkundliche Hunterian Museum nach London, um herauszufinden, ob irgendein Tier Zähne mit ähnlichen Merkmalen aufweist. Dort durchforstet er Schublade um Schublade, doch ohne Erfolg. Da kommt wieder einmal der Zufall zu Hilfe. Ein Museumsmitarbeiter, ein Präparator erwähnt, dass mit einem Schiff, das kürzlich aus Barbados einlief, ein exotisches Tier ins Land kam, dass gerade im Labor des Museums präpariert wird. Und dass ihn die Zähne, die Mantell gefunden hat, an die des Tieres erinnern.

Aufgeregt folgt Mantell dem Angestellten durch einen langen Korridor ins Labor und findet dort einen ein Meter langen Leguan. *Iguana*, so lautet sein korrekter zoologischer Name. Und wirklich: Der Leguan hat ebenfalls Zähne mit gezackten Sägekanten. Nur: Mantells Zahn ist etwa 20-mal größer! Heißt das, Mantells Tier war 20-mal größer als der ein Meter lange Leguan? Mantell wird schwindelig bei der Vorstellung. Schweißtropfen treten auf seine Stirn. Er muss sich setzen. Eine riesige Echse erscheint vor seinem geistigen Auge. Der Boden erzittert unter ihren schweren Tritten.

„Iguanodon" – Leguanzahn – wählt er als Namen für das Tier. Ein einziger Zahn hatte Mantell ausgereicht, um eine neue, pflanzenfressende Reptiliengattung zu entdecken. Eine staunenswerte Leistung, die Wissenschaftler heute wie damals begeistert.

Als Georges Cuvier Gideon Mantell in seinem neuen Buch in höchsten Tönen lobt, wird Mantell im Jahr 1825 gebeten, der ehrwürdigsten gelehrten Vereinigung Englands, der Royal Society of London, beizutreten. In einer feierlichen Zeremonie wird er zum Fellow ernannt. Auch in den Beirat der Geologischen Gesellschaft wird er gewählt. Er hat es geschafft. Er gilt jetzt als der führende Fachmann im Umgang mit versteinerten Reptilien.

6

Mary Annings Vermächtnis

▶ ▶ ▶ **Überall in England**, aber auch auf dem Kontinent tauchen in jenen Jahren versteinerte Knochenteile von Reptilien auf. Eine ungeheure, phantastische Vielfalt. Und Mary Anning gelingt im Dezember 1828 zum dritten Mal ein spektakulärer Fund. Dieses Mal ist es ein Wesen der Lüfte. Ein vogelartiges Geschöpf, ein fliegendes Reptil. „Pterodactylus" wird es zunächst genannt, später aber in „Dimorphodon" umgetauft. Es sieht aus wie ein Vampir. Wie das zu Stein erstarrte Böse. Mary erschrickt zu Tode, als sie es im Fels entdeckt. Ab diesem Tag taucht das Wesen in ihren dunkelsten Träumen auf.

Weit – 1,20 Meter weit – konnte das Wesen seine Flügel aufspannen. Beine und Füße ähneln denen einer Eidechse. Seine drei vorderen Finger enden in langen, gebogenen Klauen. Das Gebiss ist mit messerscharfen Zähnen bewehrt, wie das eines Krokodils. Ein Pelz aus dicken Borsten bedeckt seinen Körper, findet man später heraus.

Mary Anning gelingt es trotz all ihrer Erfolge immer nur für kurze Zeit, von ihren Fossilienfunden leben zu können. Tag für Tag macht sie – einen Hammer in der Hand, einen Korb unter dem Arm – ihre endlosen Spaziergänge. Eine einsame Gestalt am Strand mit langem Rock, Haube, Holzschuhen, Schal und einem warmen, langen Mantel gegen den eisigen Wind. Unermüdlich geht sie auf die

Die Flugsaurier bewegten sich an Land höchstwahrscheinlich vierfüßig wie Fledermäuse vorwärts. Rechts im Bild zwei kämpfende Dimorphodone, unten ein Pterodactylus aus den Steinbrüchen von Solnhofen.

? Pterodactylus und Dimorphodon

Der dritte große Saurier, den Mary fand, wurde 1829 von William Buckland als Pterodactylus beschrieben. Pterodactylus war zuvor schon in Deutschland, in Solnhofen, entdeckt worden. Der Pterodactylus („Flugfinger") ist ein kleiner Flugsaurier mit einer Flügelspannweite bis 1,20 Meter. Richard Owen korrigierte diese Annahme später, er stellte fest, dass es sich bei Marys Fund um eine tatsächlich ganz neue Gattung handelte, die er *Dimorphodon* – Zweiformzahn – nannte.

Suche. Auf all ihren Wegen wird sie von ihrem kleinen Hund Tray begleitet.

Wie gefährlich Marys Arbeit ist, kann man am Schicksal ihres Hundes ablesen. Um gute Fossilien zu finden, muss sie nahe der Steilküste, direkt unter dem Kliff, suchen. Auch an stürmischen Tagen. Raues Wetter ist Mary-Anning-Wetter, sagt man in Lyme Regis. Herabstürzende Steine sind unterhalb der Klippen eine große Gefahr. Mary ist sich der ständigen Bedrohung bewusst. Mehrere Male entgeht sie um Haaresbreite niederprasselnden Gerölllawinen, die ins Meer stürzen. 1833 wird ihr geliebter Hund von einem Felsbrocken, der genauso gut Mary hätte treffen können, erschlagen. Mary ist untröstlich. Jahrelang trauert sie um ihren kleinen Liebling.

Im Laufe ihres Lebens springt Mary mehr als einmal um Haaresbreite dem Tod von der Schippe. Durch diese Erfahrungen kommt sie zum Glauben. Sie wird sehr religiös, lässt nie einen Gottesdienst aus.

43

Trotz aller Beharrlichkeit, trotz allem Todesmut – Funde kann man nun mal nicht erzwingen. Oft mangelt es den Annings am Nötigsten. Der Vorsitzende der Geologischen Gesellschaft sorgt dafür, dass Mary wenigstens eine kleine Rente zugesprochen wird. Das rettet sie und ihre Mutter vor dem Verhungern.

Mary Anning heiratet nie. Sie widmet ihr ganzes Leben der Suche nach den Ungeheuern der Urzeit. Sie weiß so viel über die untergegangene Welt, dass es anderen die Sprache verschlägt. Manchen ist sie sogar regelrecht unheimlich.

Doch die Professoren erwähnen nicht einmal ihren Namen in den gelehrten Artikeln, die sie über den Ichthyosaurus, den Plesiosaurus oder den Dimorphodon verfassen. Dabei verdanken sie viele ihrer wichtigsten Erkenntnisse einem einfachen Mädchen von der Küste.

Als sie älter wird, wirkt die überaus fromme, dünne Frau mit

 Die Entwicklung des Lebens

Stellen wir uns vor, die Erde ist am 1. Januar eines Kalenderjahres entstanden, jeder einzelne Tag ist 10 Millionen Jahre lang und jetzt, in diesem Moment, ist der 31. Dezember dieses Kalenderjahres, genau Mitternacht. Die Entwicklung des Lebens auf der Erde wäre dann so erfolgt: Bis zum 10. August dieses Jahres gibt es Leben nur in ganz primitiver Form. Mikroorganismen, unseren heutigen Bakterien ähnlich, leben in den Meeren. Bis September, als Einzeller entstanden sind, spielt sich alles Leben im Meer ab. Anfang November wimmelt das Meer von Lebewesen. Ende November erobern die ersten Tiere das Festland. Am 10. November erscheinen die Dinosaurier auf der Bildfläche. Am 25. Dezember sind sie gänzlich ausgestorben. In den letzten sechs Tagen dieses Kalenderjahres verbreiten sich Vögel und Säugetiere. Erst vor einer Viertelstunde erscheinen wir, die Menschen.

den großen Augen auf manche Menschen leicht verschroben. Aber jeder weiß, dass Mary ein ganz großes Herz hat. Aufopferungsvoll kümmert sie sich um Alte und Kranke. Und wenn ihr jemand ein Fundstück abkauft, dann teilt sie das Geld mit den Armen. Kinder sind ihr nie lästig. Die dürfen nach Herzenslust stundenlang ihren karg möblierten Kuriositätenladen durchstöbern. Geduldig gibt sie ihnen Antwort auf all ihre Fragen.

Alle Menschen in dem kleinen Dorf Lyme Regis sind bestürzt, als bekannt wird, dass Mary an einer schweren Krankheit, an Brustkrebs, erkrankt ist. Die tapfere Frau geht dennoch weiter ans Meer. Von Tag zu Tag wird sie schwächer, schließlich bricht sie unten an der Steilküste ohnmächtig zusammen und muss nach Hause getragen werden. Sie ist gezwungen, ihre Spaziergänge aufzugeben, hält sich nur noch in ihrem kleinen Laden auf. Besonders an Sturmtagen merkt man ihr an, wie gerne sie jetzt dort draußen wäre, am Meer, wo die Wellen gegen die Steilküste schlagen und die Wände sprengen, in denen die Geheimnisse der Urzeit verborgen sind.

1847 stirbt Mary Anning mit nur 47 Jahren und wird auf dem am Meer gelegenen Friedhof von Lyme Regis begraben. Die Geologen lassen ihr zum Gedenken ein Glasfenster für die Pfarrkirche in Lyme Regis anfertigen. Sie nehmen sie als Ehrenmitglied in der Geologischen Gesellschaft auf. Darüber hinaus verfassen sie einen respektvollen Nachruf auf die Frau, die so viel dazu beigetragen hat, den Geschöpfen der Urzeit auf die Spur zu kommen.

Mary hätte sich darüber sicher sehr gefreut.

Auf diesem Friedhof liegt Mary Anning begraben. Von dort ist es nicht weit zum Strand von Black Ven. Auch ihr Geburtshaus, das heute zum Museum geworden ist, liegt in der Nähe. „Hier wurde die berühmte Fossiliensammlerin geboren", steht auf der Plakette.

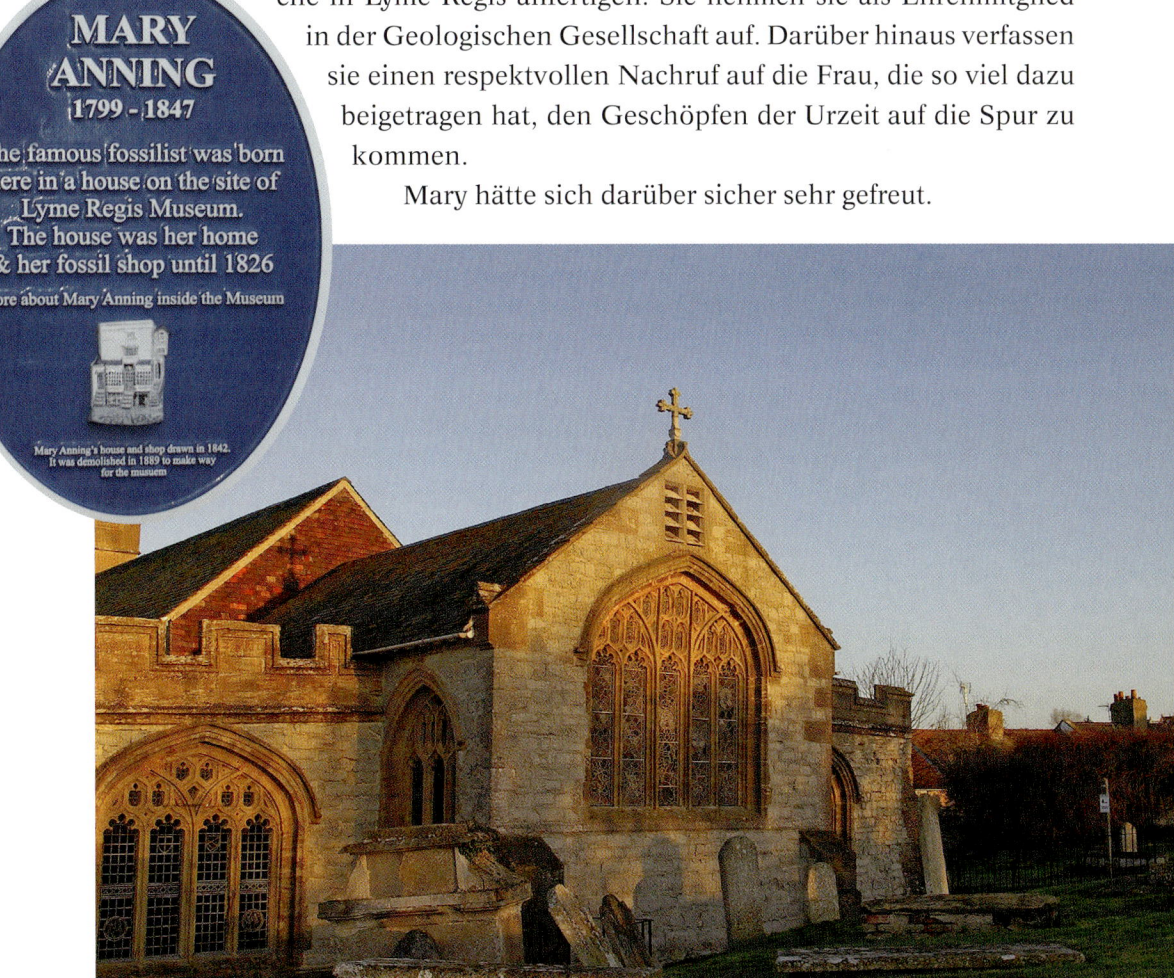

7

Der Widersacher

> > > **Auch Gideon Mantell** hat in seinem Leben mit vielen Problemen zu kämpfen. In seiner knapp bemessenen Freizeit zieht es ihn hinaus in die Steinbrüche, wo er immer weitere Teile seines Knochenpuzzles zusammensucht, die lange Jahre kein klares Bild ergeben wollen. Jede freie Minute widmet er seinen rätselhaften Urzeitriesen. Sein Familienleben leidet darunter. Selbst als er sieht, wie unglücklich seine Frau zwischen all den vermoderten Knochen ist, kann er nicht davon lassen, nahezu täglich neue Fundstücke anzuschleppen. Für Familienfeiern oder Geselligkeiten fehlt ihm schlichtweg die Zeit.

Mantells geheimer Traum ist ein eigenes Museum, in dem er seine geliebten Versteinerungen zeigen kann. Als es ihm mit viel Beharrlichkeit und unter großem persönlichem Einsatz tatsächlich gelingt, in dem Seebad Brighton mit seinen etwa 20 000 Fundstücken ein weltweit einmaliges Museum aufzubauen, wächst sein Ruhm schlagartig. Der Arzt ist ein mitreißender Redner. Die Menschen stehen Schlange, um seine erhellenden Vorträge über die Geschöp-

Richard Owen

Richard Owen **(1804–1892)** geht bei verschiedenen Chirurgen und Apothekern in die Lehre. Nach seiner Ausbildung zum Arzt erhält er einen Posten als Assistenz-Kurator am Hunterian Museum in London. Durch die Heirat mit Caroline Clift, der Tochter seines Vorgesetzten, nimmt seine Karriere einen kometenhaften Aufschwung. Er arbeitet mit Georges Cuvier in Paris, gilt als Spezialist für vergleichende Anatomie bei fossilen Tieren, wird Konservator am Hunterian Museum, später leitet er die naturwissenschaftliche Abteilung des British Museums. Owen verfasst viele scharfsinnige Studien. Er erfindet das Wort „Dinosaurier" und macht erstmals die breite Öffentlichkeit durch eine spektakuläre Ausstellung mit den „Schreckensechsen" bekannt. Richard Owen ist ein überaus einflussreicher, geehrter Wissenschaftler, doch macht er sich zeit seines Lebens auch unnötig Feinde.

Richard Owen spricht dank seiner aus Frankreich stammenden Mutter hervorragend Französisch. Dadurch gelingt es ihm, eine Einladung von Cuvier zu einem mehrmonatigen Aufenthalt in Paris zu erhalten.

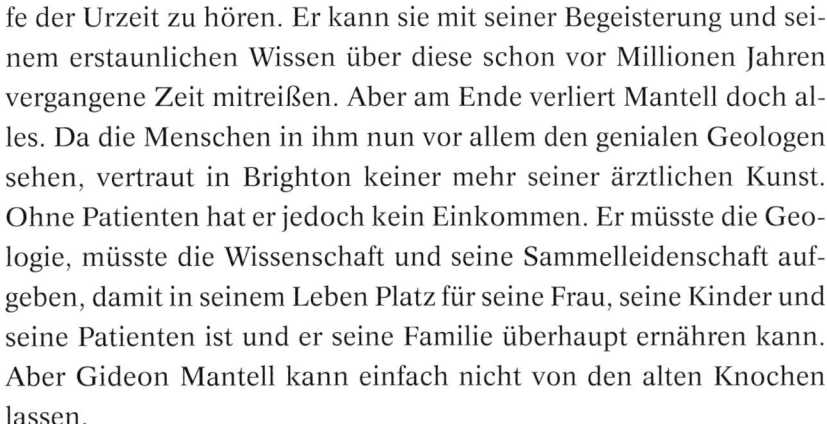

? Anatomie

Die Anatomie, also die Beschaffenheit des menschlichen Körpers, war lange Zeit eine schwierige Wissenschaft. Während des Mittelalters war es verboten, Leichen aufzuschneiden. Erst 1556 verkündete die Kirche, dass „die Eröffnung menschlicher Leichen nützlich und daher den Christen erlaubt" sei. Allerdings nur die Leichen von Menschen, die außerhalb der Gesellschaft gestanden hatten, wie z. B. Verbrecher. Somit blieb die Leichenbeschaffung für wissenschaftliche Studien lange Zeit ein Problem für Anatomen.

fe der Urzeit zu hören. Er kann sie mit seiner Begeisterung und seinem erstaunlichen Wissen über diese schon vor Millionen Jahren vergangene Zeit mitreißen. Aber am Ende verliert Mantell doch alles. Da die Menschen in ihm nun vor allem den genialen Geologen sehen, vertraut in Brighton keiner mehr seiner ärztlichen Kunst. Ohne Patienten hat er jedoch kein Einkommen. Er müsste die Geologie, müsste die Wissenschaft und seine Sammelleidenschaft aufgeben, damit in seinem Leben Platz für seine Frau, seine Kinder und seine Patienten ist und er seine Familie überhaupt ernähren kann. Aber Gideon Mantell kann einfach nicht von den alten Knochen lassen.

Seine Ehe zerbricht, Mantell kann sein Museum nicht mehr halten, er muss seine so mühsam aufgebaute Sammlung auflösen. 1838 steht er vor dem riesigen Scherbenhaufen seines Lebens. Alles hat er der Geologie gegeben, all seine Energie und sein Lebensglück haben die Monster der Urzeit verschlungen. Aber auch die letzte verbliebene Genugtuung – als Wissenschaftler voranzukommen, neue Erkenntnisse zu sammeln und Anerkennung zu erlangen – wird ihm streitig gemacht.

Seit einigen Jahren steht ein Mann an der Spitze der Geologischen Gesellschaft in London, der Mantells Erfolg nicht anerkennt, der seine Verdienste herabwürdigt und sogar öffentlich gegen ihn zu Felde zieht. Richard Owen, so heißt Mantells mächtiger Widersacher. Der Professor ist der Mann, der für Mantells urzeitliche Reptilien den Namen erfand, unter dem sie auch heute noch bekannt sind: Dinosaurier – Schreckensechsen. Der Name setzt sich aus den griechischen Wörtern *deinos* für schrecklich und *sauros* für Echse zusammen. Dieser Richard Owen, ein ehrgeiziger Karrierist, setzt alles daran, Mantell in falschem Licht erscheinen zu lassen, um selbst dessen Erfolge einzuheimsen. Schon in seiner Jugend zeigt sich, dass Owen bereit ist, im wahrsten Sinne des Wortes über Leichen zu gehen, wenn dies seiner Karriere dient.

Richard Owen ist kein Geologe, sondern ein Anatom. Als Sechzehnjähriger geht er bei einem Chirurgen in die Lehre, zu dessen Patienten auch die Häftlinge des Gefängnisses von Lancaster gehören. Die trutzige Haftanstalt – eine dunkle, feuchte, von Ungeziefer und

Ratten heimgesuchte Festung, zudem noch völlig überbelegt – ist eine schauerliche Umgebung, der Gesundheit nicht gerade förderlich. Fast täglich sterben Gefangene, und an deren Leichnamen lernt Owen die Anatomie, die Lehre vom Aufbau des Körpers.

Richard Owen gelingt es, nach abgeschlossener Ausbildung einen gut bezahlten Posten nach dem anderen zu ergattern. Seine Karriere wird auch dadurch begünstigt, dass er die Tochter seines Vorgesetzten, Caroline Clift, heiratet. Er bekommt durch sie und ihre achtbare Familie gesellschaftliches Ansehen. Wie eine Spinne webt er an seinem Netz. Überall verschafft sich Owen Einfluss. Er wird Leiter des naturkundlichen Hunterian Museums, dann Superintendent der naturwissenschaftlichen Abteilung des British Museums, schließlich Direktor des Naturkundemuseums, er ist im Vorstand der Zoologischen Gesellschaft, der Geologischen Gesellschaft und vieler weiterer Gelehrtenvereinigungen. Owen bestimmt mit, wem Forschungsgelder zugesprochen werden sollen und wer eine Auszeichnung erhält.

Richard Owen verfügt bald über glänzende Kontakte bis in die höchsten Kreise. Und so ist es kein Wunder, dass er und nicht etwa der verdienstvollere Mantell die gut bezahlte Aufgabe erhält, einen

Das Hunterian Museum mit den 17 000 Präparationen des Arztes John Hunter. Hier kommt Mantell dem geheimnisvollen Urzeitwesen auf die Spur.

Knochen eines Riesen

Die erste wissenschaftlich erforschte Urzeitechse war der Megalosaurus. Er wurde 1677 im englischen Stonesfield entdeckt. Dinosaurier waren zu dieser Zeit noch vollkommen unbekannt. Die Knochen, die von Megalosaurus gefunden wurden, gaben den Menschen lange Jahre Rätsel auf, man hielt sie für die Knochen eines Riesen. Erst 1824 machte sich William Buckland an die schwierige Aufgabe, die Knochenbruchstücke des gewaltigen Unterkiefers auszuwerten. Buckland gab dem Tier auch seinen Namen. Megalosaurus heißt „große Echse".

umfassenden Bericht über Englands Fossilien zu verfassen. Dabei bedient er sich an den Ideen anderer und gibt sie als seine eigenen aus. So fasst er geschickt die Merkmale der Tiere, über die Mantell jahrelang geforscht hat, zusammen: Sie gehören, da sie eine Wirbelsäule haben, zu den Wirbeltieren. Sie haben zwei Paar Gliedmaßen, die mit der Wirbelsäule verbunden sind, sind also klassische Vierbeiner. Ihre säulenartigen Beine sind so gestaltet, dass sie nicht kriechen mussten, sondern laufen und sogar springen konnten. Sie pflanzten sich fort, indem sie Eier legten. Sie gehören zu den Reptilien. Owen erfindet den Namen *Dinosauria* für alle Tiere mit diesen Merkmalen und stellt alles so dar, als verdanke die Welt einzig und allein seinem Scharfsinn deren Entdeckung. Gideon Mantell verschlägt es die Sprache.

Das Leben spielt dem fleißigen, gewissenhaften Arzt nach wie vor übel mit. Dass er seine Familie nicht mehr um sich hat, ist sein größter Kummer. Außer der Trennung von seiner Frau muss er den Tod seiner geliebten Tochter Hanna, die an einer schweren Krankheit stirbt, hinnehmen. „Das Herz gebrochen, die Hoffnungen zerstört", schreibt er erschüttert in sein Tagebuch. Als wäre all dies noch nicht genug, leidet er seit einem Kutschunfall, bei dem er stürzte, von der Kutsche mitgeschleift wurde und schließlich unter die schweren Räder geriet, unter ständigen heftigen Schmerzen. Sein Rückgrat ist verkrümmt, bei fünf Wirbeln sind die Bandscheiben zerstört. Manche der Wirbel sind völlig verdreht, stehen im rechten Winkel zu ihrer normalen Stellung. Ohne starke Schmerzmittel kann Mantell nicht mehr leben.

Dieses Bild wird 1833 nach Entwürfen von Gideon Mantell gemalt. Aus den Zähnen, die er findet, schließt Mantell zunächst, dass das Iguanodon eine urzeitliche Riesenausgabe einer modernen Echse sei. Später kommt er zu ganz anderen Erkenntnissen.

Richard Owen dagegen erfreut sich bester Gesundheit, und sein Ruhm wächst unaufhaltsam. Der König stellt ihm einen seiner Paläste als Wohnsitz zur Verfügung, und Owen darf sogar die Kinder des Königs unterrichten. Mantell hat nicht die Kraft, Owen öffentlich in die Schranken zu weisen.

Doch 1848 ergibt sich für Mantell die Gelegenheit, seine Verdienste bei der Erforschung der Dinosaurier noch einmal eindrucksvoll unter Beweis zu stellen. Er erhält ein Paket von dem Besitzer eines Steinbruchs im Tilgate Forest. In dem Paket befindet sich ein wertvolles, lang ersehntes Puzzleteil, das ihm helfen wird, das Iguanodon noch besser zu rekonstruieren. Es ist ein Teil des Kiefers. 30 Jahre hat er danach gesucht.

Mantell vertieft sich in die Arbeit, beginnt zu verstehen, wie der Kopf „seines" Iguanodons ausgesehen haben könnte.

Er sieht ihn förmlich vor sich, den Pflanzenfresser mit dem Hornschnabel, dem die vorderen Schneidezähne fehlten, der nur an den Seiten Zähne, damit also nur Backenzähne hatte. Mit ihnen zermalmte er das Pflanzenwerk, das er mit seinem Hornschnabel und mit Hilfe einer länglichen Greifzunge von Bäumen und Sträuchern rupfte. Mantell beschreibt in einem mitreißenden Vortrag vor der Royal Society die Gesichtszüge des Ungeheuers: Das Horn, das Cuvier zunächst für ein Rhinozeroshorn gehalten hatte, könnte über der Nase platziert gewesen sein, wie bei einer noch heute vorkommenden Leguanart. Aber sicher ist er sich nicht. Dazu fehlen einfach zu viele Knochen.

Wenig später befasst er sich mit der Wirbelsäule des Iguanodons, setzt sie in Verbindung mit all den Knochen, die man bis zu diesem Zeitpunkt in England gefunden hat.

Der missgünstige Owen bringt es noch immer nicht über sich, die Verdienste Mantells anzuerkennen, im Gegenteil: Er versucht, seinen Einfluss geltend zu machen, um Fundstücke des Iguanodons vor Mantell zu verstecken und ihn so wo er nur kann in der Arbeit zu behindern. Aber Mantell macht trotz dieser Schwierigkeit, trotz seiner schweren Krankheit, trotz der Tatsache, dass er jeden Tag Patienten besucht, um seinen Lebensunterhalt zu verdienen, unermüdlich und unbeirrt weiter.

Das Iguanodon war, so weiß er jetzt, bis zu zehn Meter lang, wog zwischen zwei und drei Tonnen und hatte einen

Eine Karikatur, die Richard Owen auf einem Megatherium reitend zeigt – einem ausgestorbenen Riesenfaultier. Owen wird am Ende für seine überkommenen Ansichten in vielen Zeitungen verspottet.

Ich muss einen Mangel an Ehre und Gerechtigkeit bedauern. Er hat Namen geändert, die ich gegeben habe, und stellt viele Schlussfolgerungen so dar, als ob sie von ihm selbst stammen, während ich schon längst die gleichen veröffentlicht habe.

Gideon Mantell

Gideon Mantell beim Knochenpuzzle. Außer als Geologe macht sich der Arzt auch als Verfasser von medizinischen Schriften, zum Beispiel über die Bekämpfung der Cholera, einer gefürchteten Krankheit, einen Namen.

langen Schwanz. Mantell kommt zu der Erkenntnis, dass die vorderen Extremitäten, also sozusagen die Arme des Tieres, weitaus kleiner gewesen sind als dessen stämmige Hinterbeine, die den Beinen eines Flusspferdes ähneln. Sie waren bestens geeignet, die riesigen Farne und Palmen, die in den üppigen tropischen Urzeitwäldern wuchsen, zu ergreifen. Wahrscheinlich konnte sich das Iguanodon sowohl auf vier Beinen als auch aufrecht vorwärtsbewegen. Aufgerichtet erreichte es eine Höhe von bis zu sechs Metern. Das Tier nimmt Gestalt an. Endlich, nach so vielen Jahren. Wenn Mantell die Augen schließt, sieht er es mit kraftvollen, wuchtigen Schritten seinen Weg durch riesige Farnwälder bahnen.

Die Mitglieder der Royal Society wollen Mantell für diese brillante Arbeit einen Preis verleihen. Er soll die „Königliche Medaille" – die höchste Auszeichnung, die die Gesellschaft vergibt – erhalten. Owen versucht alles, um das zu verhindern. Er spielt Mantells Verdienste herunter, macht ihn lächerlich, wo er nur kann.

Als die Gesellschaft dennoch beschließt, Mantell auszuzeichnen, speit der missgünstige Professor Gift und Galle. Doch vergebens: Am 30. November 1849 wird Mantell feierlich die Königliche Medaille der Royal Society verliehen.

Owen sitzt ihm während des festlichen Abendessens, das sich an die Zeremonie anschließt, gegenüber. Er kann sich nicht dazu durchringen, Mantell zu gratulieren, er sitzt nur da und sieht aus, als habe er einen Frosch verschluckt.

Diese Runde geht an Mantell. Die nächste sollte wieder an Owen gehen. Und zwar auf eine Art, die einem das Blut in den Adern gefrieren lässt.

Am 10. November 1852 stürzt Mantell in seinem Haus die Treppe hinunter und stirbt an den Folgen des Unfalls. Sein Körper wird autopsiert – also aufgeschnitten, um die Todesursache zu erforschen –, und Richard Owen sorgt dafür, dass Mantells verkrümmte, beschädigte Wirbelsäule, in Konservierungsflüssigkeit eingelegt, im naturkundlichen Hunterian Museum zur Schau gestellt wird. Eine letzte Herabwürdigung des Rivalen.

Inzwischen ist in England das Dinosaurierfieber ausgebrochen. Man ist äußerst interessiert an den neuesten Erkenntnissen über die Urzeit. Kraft seiner vielen Ämter darf Owen zwei Jahre nach Mantells Tod das Iguanodon für die erste Dauerausstellung von Dinosauriern in Lebensgröße nachbauen lassen und wird bei der Ausstellungseröffnung mit Lob überschüttet. Aller Ruhm für die Entdeckung der Dinosaurier fällt jetzt ihm zu, Englands führendem Anatomen. Keiner der 40 000 Besucher, die allein am Eröffnungstag kommen, merkt, dass das tumbe, schwerfällige, rhinozerosartige Geschöpf, das Owen aus vier eisernen Säulen, 900 Ziegeln, 38 Fässern Zement und 90 Fässern Bruchsteinen bauen ließ, nichts mit dem von Mantell doch so richtig beschriebenen Tier zu tun hat.

Aber die Geschichte ist hier noch nicht zu Ende. Die letzte, die entscheidende Runde geht verdient an den maßgeblichen Entdecker der Dinosaurier, an Gideon Mantell.

Mehr als 25 Jahre sind seit seinem Tod vergangen. Inzwischen weiß man sehr viel mehr über die Landreptilien des Erdmittelalters. Diplodocus, Allosaurus, Triceratops, Stegosaurus sind entdeckt, um nur ein paar der bekanntesten unter ihnen

Einige der Modelle, die Owen für die Ausstellung im Kristallpalast in Lebensgröße bauen lässt, wiegen mehr als 30 Tonnen. Manche von ihnen sind noch heute im Sydenham Park in London ausgestellt.

zu nennen. Nicht nur in England, auch auf dem Kontinent wurden bedeutende Funde gemacht – und fast immer spielte ein glücklicher Zufall eine Rolle. So auch in einer Kohlegrube in der kleinen belgischen Stadt Bernissart nahe der französischen Grenze. Hier graben Bergleute im Frühling des Jahres 1878 einen neuen Stollen. 322 Meter unter der Erde macht der Minenarbeiter Jules Créteur eine erstaunliche Entdeckung. Er stößt auf etwas, das er im Schein seiner funzeligen Grubenlampe für Baumstämme aus Gold hält. Der erfahrene Bergmann kann sich nicht erklären, das es damit auf sich hat. Zusammen mit anderen Minenarbeitern birgt er einige Teile. Aber auch über Tage sehen sich die Menschen ratlos an. Ein Geologe wird herbeigeholt, der immerhin sagen kann, dass es sich um mit Pyrit versetzte Versteinerungen handelt – daher der schimmernde Goldton. Doch was genau sie hier vor sich haben, weiß auch er nicht.

Schließlich wird einer der bekanntesten Anatome Belgiens, Professor van Beneden von der Universität in Leuven, um Rat gefragt. Er entdeckt unter den Fundstücken, die die Minenarbeiter ans Tageslicht gebracht haben, Zähne und identifiziert sie richtig: Sie gehören eindeutig zu einem Iguanodon.

Immer mehr Iguanodonfossilien werden daraufhin in der Kohlegrube von Bernissart entdeckt. Knochen über Knochen, riesige,

 Dinosaurierfieber

Die erste Dauerausstellung von Dinosauriern fand im Jahr 1854 in London statt, in einem Gebäude, das man „Kristallpalast" nannte: Für die riesige Ausstellungshalle waren 84 000 Quadratmeter Glas verbaut worden. Der Bildhauer Benjamin Waterhouse Hawkins erhielt den Auftrag, nach Plänen von Richard Owen lebensgroße Dinosaurierskulpturen herzustellen. Die Ausstellung löste in England eine Welle der Begeisterung für Dinosaurier aus: Jährlich kamen über zwei Millionen Besucher. Heute weiß man, dass die Skulpturen nicht sehr naturgetreu waren, doch damals waren sie eine Sensation.

Belgische Minenarbeiter bringen Forscher auf die Spur des Iguanodon-„Massengrabes" in der Kohlegrube von Bernissart. Im trüben Licht der Fackeln untersuchen die Gelehrten hier die rätselhaften Funde.

vollständige Skelette. Langsam wird den Naturwissenschaftlern das ganze Ausmaß der Funde klar: Sie sind auf ein Iguanodon-Massengrab gestoßen. Ein sensationeller Fund.

Und es geht noch weiter: Als man wenige Jahre später in 356 Metern Tiefe nach Kohle gräbt, wird man wieder fündig. Über 31 Tiere entdecken die Bergleute, und zwar nahezu vollständig erhalten! Vorsichtig werden die Knochen geborgen und über drei Jahre hinweg nach Brüssel in eine gotische Kapelle mit bunten Glasfenstern, die St.-Georgs-Kapelle, gebracht.

25 Jahre nach Mantells Tod setzen belgische Forscher in dem Gotteshaus zum ersten Mal alle Knochen eines Iguanodons zusammen. Mantell hatte recht: Das Iguanodon konnte sich auch auf zwei Beinen fortbewegen, und richtig: Seine vorderen Extremitäten dienten vermutlich zum Greifen. In einem Punkt aber irrte Mantell: Das kleine Horn, das Cuvier zunächst für ein Rhinozeroshorn gehalten hatte und das Mantell bei seiner Rekonstruktion des Schädels über die Nase des Tieres gesetzt hatte, befand sich an einer ganz anderen Stelle. Dieser scharfe Stachel saß als Daumen an der Hand und diente der Verteidigung. Damit konnte das Iguanodon seine Feinde regelrecht aufspießen, genau wie es mit seinem mächtigen Schwanz wild um sich schlagen konnte. Aber trotz dieses Irrtums sind die belgischen Naturwissenschaftler verblüfft, wie genau Mantell das Iguanodon aus den wenigen Knochenbruchstücken, die ihm zur Verfügung standen, rekonstruiert hat.

In Wissenschaftskreisen schmunzelt man nach den Funden von Bernissart über Richard Owen und seine Rekonstruktionen des Iguanodons. Die plumpen, rhinozerosartigen Monster, die er für

 Kohlegrube von Bernissart

In der Sainte-Barbe-Kohlegrube von Bernissart wurden auch in späterer Zeit reiche Funde gemacht – insgesamt waren es 39 versteinerte Skelette. Die Bergung war nicht ungefährlich: 1878 stiegen Minenarbeiter gemeinsam mit Wissenschaftlern hinab, um weitere Dinosaurier zu bergen, als es zu einem Erdbeben kam und die Männer für viele Stunden eingeschlossen wurden. Zum Glück überlebten alle. In der Folge des Bebens wurden die Stollen überflutet, und die Bergung der Fossilien musste bis 1881 eingestellt werden. Die Skelette von Bernissart wurden im Naturkundemuseum in Brüssel ausgestellt, wo man sie noch heute bewundern kann.

Einige der Skelette aus Bernissart wie dieses riesige Exemplar eines Iguanodons sind im Naturkundemuseum von Brüssel zu bewundern. Auf vielen Bildern stellte man das Iguanodon als Vierfüßer dar. Dass es sich in langsamem Tempo tatsächlich auf allen Vieren fortbewegte, lässt sich heute anhand von Fährten nachweisen. Beim schnellen Laufen wurden die Vorderbeine angezogen.

die Dauerausstellung bauen ließ, haben kaum etwas mit dem wirklichen Tier zu tun.

Am Ende seines Lebens hat der altgewordene Professor seinen guten Ruf eingebüßt. Niemand nimmt ihn mehr ernst. Vieles, woran er geglaubt hat, hat sich als falsch erwiesen. Zeit seines Lebens machte sich Owen völlig unnötig Feinde. Der einst hochgeehrte Gelehrte zieht sich gramgebeugt in seine dunkel vertäfelte Bibliothek zurück, schleicht wie ein Geist durch sein viel zu großes Haus, keines Menschen Freund. 1892 stirbt er. Vermisst wird er nicht.

8

Meilensteine

>>> Als man 1858 im US-Bundesstaat New Jersey erstmals auf amerikanischem Boden versteinerte Reste einer urzeitlichen Echse entdeckt, bricht auch unter den Forschern Nordamerikas das Dinosaurierfieber aus. Und auch hier erscheinen zwei Paläontologen auf der Bildfläche, die sich in schier unersättlicher Gier nach alleiniger Anerkennung so bekriegen, dass die Scharmützel, die sich Edward Drinker Cope und Othniel Charles Marsh liefern, als „Knochenkriege" in die Geschichte der Dinosaurierforschung eingehen.

Zunächst sind die beiden herausragenden Wissenschaftler Marsh und Cope enge Freunde, die sich durch ihre riesige Begeisterung für Fossilien verbunden fühlen und sogar gemeinsam auf die Suche nach Versteinerungen gehen. Dann unterläuft Marsh im Jahr 1870 ein dummer Fehler: Bei der Rekonstruktion des Elasmosaurus platziert er den Schädel des Tieres an dessen Schwanz statt an den Hals und veröffentlicht eine Zeichnung von dem merkwürdig verdrehten Geschöpf in einer Zeitschrift. Als ihm der peinliche Irrtum bewusst wird, kauft er so viele Exemplare der Zeitschrift wie nur möglich auf. Statt seinen Freund nun vor der Häme anderer Wissenschaftler in Schutz zu nehmen, lässt Cope keine Gelegenheit aus, die Arbeit von Marsh in Fachkreisen ins Lächerliche zu ziehen. Und damit ist das Kriegsbeil ausgegraben.

Copes und Marshs Kämpfe finden auf den reichen Fossillagerstätten des Mittleren Westens statt, in den Staaten Wyoming, Kansas und Nebraska, wo sich vor Millionen von Jahren ein Binnenmeer befand und wo man bis heute die vielfältigsten Fossilien finden kann. Ein wahres Paradies für Paläontologen.

Aber die beiden Streithähne nutzen jede Gelegenheit, um sich gegenseitig Schaden zuzufügen. Sie spionieren einander aus, werben sich gegenseitig die Grabungsarbeiter ab, stehlen die Fossilien des anderen oder legen irreführende Fossilien im Suchgebiet des Rivalen aus. Sobald einer der beiden Forscher eine Fundstätte aus-

? Cope und Marsh

Othniel Charles Marsh **(1831–1899)** war Sprössling einer wohlhabenden Familie, die ihm ein Studium an verschiedenen großen Universitäten in den USA und Europa ermöglichen konnte. Für die Yale-Universität, an der Marsh eine Anstellung als Professor bekam, ließ sie sogar ein Museum bauen: das Peabody Museum für Naturgeschichte. Edward Drinker Cope **(1840–1897)** kam dagegen aus recht einfachen Verhältnissen. Er brachte sich alles Wissen über Naturgeschichte selbst bei und galt bald auch ohne Studium als herausragender Forscher. Obwohl Cope ungeheuer fleißig war – er veröffentlichte über 1400 wissenschaftliche Arbeiten –, wurde er am Ende zum Verlierer der „Knochenkriege": Ihm ging schlicht das Geld aus.

Zunächst halten die Indianer Marsh für einen Goldgräber, der ihr Land ausbeuten will. Dann schließt der legendäre Häuptling Red Cloud Freundschaft mit dem Forscher, und die Indianer zeigen ihm weitere reiche Fossilienlagerstätten.

gewertet hat und hinter sich lässt, sprengt er die Ausgrabungsstätte in die Luft. Wo auch immer sie geforscht haben, hinterlassen sie verbrannte Erde, damit der andere an der gleichen Stelle keine eigenen, womöglich spektakuläreren Funde mehr machen kann. Wie viele wertvolle Fossilien auf diese Weise zerstört wurden, weiß niemand.

Cope und Marsh brauchen im Laufe der Knochenkriege ein Vermögen auf. Sie lassen sich die Jagd nach Anerkennung Unsummen kosten. Dabei vergeuden sie die Dollar manchmal vollkommen sinnlos. Cope bezahlt beispielsweise eine Stange Geld dafür, einen Zug, der Fossilien von Marsh nach Yale bringen soll, nach Philadelphia umleiten zu lassen, um dort selbst die wissenschaftliche Auswertung der Knochenfunde zu übernehmen. Durch ihren Drang, den anderen – koste es was es wolle – zu übertrumpfen, wurden die beiden Forscher so angetrieben, dass sie gemeinsam mehr als 140 Dinosauriergattungen entdeckten und beschrieben. Eine unglaubliche, beispiellose Leistung. Ihnen unterliefen durch die Eile, mit der sie vorgingen, um neue Erkenntnisse so schnell wie möglich und unbedingt vor dem Rivalen zu veröffentlichen, jedoch auch manche Fehler.

Einen weiteren Meilenstein in der Dinosaurierforschung bilden die zahlreichen Entdeckungen von Amerikas berühmtem Dinosaurierdetektiv Barnum Brown, von seinen Kollegen auch gerne Mr Bones – zu deutsch „Herr Knochen" – genannt.

Barnum Brown arbeitet für das Amerikanische Museum für Naturgeschichte in New York und geht im Auftrag des Museums weltweit auf Fossiliensuche. 1902 macht er in der Wildnis Montanas im Nordwesten der USA den Fund seines Lebens: Er entdeckt das Skelett eines Raubsauriers, dessen gewaltige, messerscharfe Zähne und gigantische Ausmaße auch heute noch jedem Museumsbesucher eine Gänsehaut bereiten. Kinder reichen dem fleischfressenden Monster gerade mal bis zum Fußknöchel. *Tyrannosaurus rex*, „König der Tyrannenechsen", tauft man Barnum Browns spektakulären Fund 1905.

In Amerika wurden bis zum heutigen Tag die meisten Dinosaurierarten gefunden. In Amerika, genauer gesagt, in Mexiko, also in Mittelamerika, hat auch Dino Frey sein „Monster" entdeckt. Auf Platz 2 liegt China. Die Wüste Gobi hat eines der reichsten Vorkommen an Dinosaurierfundstücken. Sogar Dinosauriereier hat man hier gefunden.

Bis heute sind etwa 800 Dinosaurierarten bestimmt worden, und fast jede Woche werden von Saurierjägern wie Dino Frey und seinen Kollegen irgendwo auf der Welt, auf allen Kontinenten, sogar in der Antarktis, neue Spuren der Dinosaurier entdeckt.

Dino Frey berichtet, dass jedes neue Fundstück neue Erkenntnisse mit sich bringt. In unseren Tagen staunen die Wissenschaftler beispielsweise über gefiederte Flugsaurier, die Anfang 2003 in China auftauchten. *Microraptor gui,* „kleiner Räuber" wurde das Tier genannt, das sowohl an den Vorder- wie auch an den Hinterbeinen

? Tyrannosaurus rex

Weltweit wurden nur etwa 20 Exemplare der Schreckensechse gefunden, die in der späten Kreidezeit lebte und zu den letzten Dinosauriern gehörte. Mit 7 Tonnen Gewicht und 6 Metern Größe zählte sie zu den größten fleischfressenden Landtieren aller Zeiten. In seinem Maul trug er etwa 60 dolchartige Zähne, die bes zu 18 cm lang werden konnten. Der T-Rex ist näher mit den Vögeln als mit jedem anderen heute lebenden Wirbeltier verwandt. Das konnte man beweisen, weil man 2003 in T-Rex-Knochen Reste von Blutgefäßen fand, die man genau untersuchen konnte.

Rechts: Der *Microraptor gui* ist der kleinste bekannte Dinosaurier der Welt. Er wurde nur 40 Zentimeter lang.

Der *Tyrannosaurus rex* ist bei weitem der populärste Dinosaurier der Welt. In zahlreichen Filmen – zum Beispiel *Jurassic Park* – ist die fleischfressende Bestie der Star. Ob er tatsächlich so gefährlich war, wie er meist dargestellt wird, darüber streiten sich die Wissenschaftler.

Wir kennen nicht den millionsten Teil der Wunder dieser wunderbaren Welt.

Gideon Mantell

Das Ende der Dinosaurier

Für den Untergang der Dinosaurier sind mehrere Ereignisse verantwortlich. Meteoriteneinschläge und zahlreiche gleichzeitig ausbrechende Vulkane veränderten das Klima auf der Erde dramatisch. In der Oberkreide war der Wasserspiegel 120 Meter höher als heute. Afrika lag fast gänzlich unter Wasser, Europa war eine Inselwelt. Die Dinosaurier verloren so ihren Lebensraum. Doch gibt es heute noch Verwandte der Dinos: die Vögel. Der Urvogel, der Archaeopteryx, ist ein fleischfressender fliegender Raubsaurier. Auch heutige Vögel weisen gemeinsame Merkmale mit Raubsauriern auf, so z. B. den Aufbau ihrer Füße: Beide haben drei nach vorne weisende Zehen und einen vierten, der nach hinten steht.

Schwungfedern hatte. Es erinnert damit entfernt an einen Doppeldecker. Dieser Fund führt zwangsläufig dazu, dass man die Frage, wie sich der Flug der Vögel entwickelt hat, neu diskutieren muss. Und noch etwas Erstaunliches weiß Dino Frey zu berichten: Die Saurier sind keineswegs vollständig ausgestorben – die Raubsaurier haben in unseren heutigen Vögeln überlebt. Ein Huhn ist also ein direkter Nachfahre eines kleinen Raubsauriers!

Wer helfen möchte, die Rätsel der Urzeit zu entwirren, muss nicht erst nach China fahren. Am Strand von Black Ven, an dem Joseph und Mary Anning um 1812 den ersten Ichthyosaurier fanden, werden auch heute noch staunenswerte Entdeckungen gemacht. In Lyme Regis und Umgebung leben manche Menschen wie vor 200 Jahren die Annings von der Fossiliensuche. Wenn der Sturm wütet, stehen sie bereits morgens um vier Uhr an den Klippen, um zu sehen, was die Wellen aus den Felsen herausgespült haben. Manche haben, genau wie Mary Anning, einen kleinen Laden, in dem sie ihre Funde an Badegäste oder an Sammler verkaufen. Eigentlich ist es gar nicht schwer, in Lyme Regis nach Fossilien zu suchen. Man muss sich lediglich bei Ebbe mit einem Hammer an den Strand begeben. Erfahrung ist hilfreich, aber auch Laien gelingt am Strand von Black Ven so mancher verblüffende Fund. Nach wie vor gilt: Man muss in erster Linie Glück haben!

Immer noch fehlen uns zahllose Puzzlestückchen, um das Leben vor unserer Zeit zu verstehen. Mit jeder neuen Erkenntnis kommen neue Fragen auf. Nach wie vor bleibt rätselhaft, warum die Dinosaurier vor 65 Millionen Jahren ausstarben.

Ob es darauf wohl in Zukunft eine schlüssige Antwort geben wird? Vielleicht macht sich ja jemand, der dieses Buch jetzt liest, auf die Suche, gräbt weitere Hinweise auf die weit entfernte Vergangenheit aus und trägt mit seinen Funden dazu bei, dass wir eines Tages ein noch genaueres Bild davon bekommen, wie unsere Welt entstanden ist und welche Wesen sie einst bevölkerten.

Chronik

Evolution der Dinosaurier

Vor 251 Mio. Jahren Perm-Trias-Grenze; Beginn des Erdmittelalters (Mesozoikum). Etwa 95% der Tier- und Pflanzenwelt auf der Erde sterben aus ungeklärten Gründen aus. In der wüstenhaften Welt verbreiten sich die Archosaurier (Herrscherreptilien) über die Erde.

Vor 235 Mio. Jahren Mittlere Trias. Das Klima wird immer heißer und trockener. Große Teile des Urkontinents Pangäa sind von Wüsten bedeckt. Die ersten Dinosaurier entstehen aus den Archosauriern. *Eoraptor* gilt heute als der älteste bekannte Dinosaurier. Die ersten Saurier sind sog. Theropoden, mittelgroße Fleischfresser, die sich auf ihren Hinterbeinen fortbewegen, wie z. B. *Coelophysis*. Da fast die gesamte Landmasse der Erde in einem Kontinent vereint ist, können sich die Dinosaurier überall ausbreiten. Auch die Pterosaurier (fliegende Reptilien) und Meeressaurier (z. B. Ichthyosaurier, Plesiosaurier) entstehen in dieser Zeit.

Vor 199 Mio. Jahren Trias-Jura-Grenze. Aussterben der meisten urtümlichen Reptilien und Amphibien. Im Jura ist jedes bekannte Landtier mit einer Größe über einem Meter ein Dinosaurier. Die Blütezeit der Dinosaurier, Pterosaurier und Meeressaurier hält bis vor ca. 135 Mio. Jahren an. Während der Jurazeit werden die Wüsten durch zunehmenden Niederschlag zurückgedrängt. Riesige Wälder breiten sich entlang gewaltiger Flusssysteme auf nahezu allen Kontinenten aus, ein perfekter Lebensraum für die Sauropoden, riesige, pflanzenfressende Dinosaurier wie der *Brachiosaurus*. Sauropoden und Iguanodonten werden die dominierenden Dinosaurier.

Vor 144 Mio. Jahren Beginn der Kreidezeit. Das Klima ist dem im Jura sehr ähnlich. Dinosaurier bleiben die vorherrschenden Wirbeltiere. Die Sauropoden und Stegosaurier werden zunehmend von Ceratopsiern (Horndinosauriern) wie dem *Triceratops* und Ornithopoden (Vogelfuß-Dinosauriern) wie den Hadrosauriern verdrängt.

Vor 65 Mio. Jahren Ende der Kreidezeit. Die Zahl der Dinosaurier ist seit der Unterkreide zurückgegangen. Schließlich verschwinden sie ganz. Über die Gründe gibt es zahlreiche Theorien (z.B. Meteoriteneinschlag, Klimawandel, Vulkanismus). Zusammen mit den Dinos sterben auch die Meeres- und die Pterosaurier aus.

Dinosaurierforschung

Vor ca. 3000 bis 2000 Jahren Im alten China und in der Antike wird von „Drachenknochen" berichtet, die man heute als versteinerte Knochen von Dinosauriern deutet.

1677 In Robert Plots *Natural History of Oxfordshire* erscheint die erste Abbildung eines Dinosaurierknochens, den er in Cornwall gefunden hat. Doch weiß noch keiner von der Existenz der Dinosaurier bzw. der Urzeit überhaupt. Es gibt auch noch keine Wissenschaft, die sich damit beschäftigt. Plot hält seinen Fund für den Knochen eines vorsintflutlichen Riesen. Später schreibt man dieses Fragment dem Raubsaurier *Megalosaurus* zu.

1785 Der Schotte James Hutton stellt die Theorie auf, dass die Erde nahezu unermesslich alt sein muss. „Es gibt keine Spur eines Anfangs und keinen Hinweis auf ein Ende."

1796 Der französische Naturforscher Georges Cuvier stellt erstmals das Phänomen des Aussterbens fest; es gab einst Tiere und Pflanzen, die heute nicht mehr auf der Erde leben.

1812 Die 12-jährige Mary Anning findet in Dorset an der Südküste Englands das nahezu vollständige Skelett eines *Ichthyosaurus* („Fischechse"). Marys Fund löst eine heftige Debatte aus. Einige Wissenschaftler halten das Tier für einen Fisch, andere für eine Echse, wiederum andere für einen Wasservogel oder eine Mischung aus allem.

1821 Mary Mantell findet den ersten fossilen Zahn. Dieser und weitere unerklärliche Knochenfunde veranlassen ihren Mann Gideon Mantell, gezielt nach „urzeitlichen Riesenreptilien" zu forschen.

1823 Mary Anning findet die Überreste eines *Plesiosaurus*.

1824 Wissenschaftliche Erstbeschreibung des Raubsauriers *Megalosaurus* durch William Buckland, der nebst anderen Fossilien ein Kieferfragment mit Zähnen dieses Sauriers nahe Oxford gefunden hat.

1825 Basierend auf seinen Entdeckungen veröffentlicht Gideon Mantell die Beschreibung des *Iguanodons*.

1828 Mary Anning entdeckt das Skelett des Pterosauriers *Dimorphodon*.

1834 Erster belegter Skelettfund eines Dinos in Deutschland. Johann Friedrich Engelhart entdeckt bei Nürnberg die Überreste eines *Plateosaurus*.

1841 Richard Owen fasst die ersten drei „Riesenreptilien" unter der Gruppe der *Dinosauria* (Schreckensechsen) zusammen.

1854 Zur Eröffnung des Kristallpalastes in London wird eine Urlandschaft mit lebensgroßen Modellen ausgestorbener Tiere angelegt, darunter auch vier Dinosaurier. Die Ausstellung wird ein Welterfolg. Erstmals sind Dinosaurier Gegenstand des öffentlichen Interesses.

1858 Entdeckung des ersten fast vollständigen Dinosaurierskeletts in Nordamerika durch den Hobbygeologen William Parker Foulke. Dieser Fund löst in den USA ein Dinofieber aus.

1861 Hermann von Meyer beschreibt erstmals den Urvogel *Archaeopteryx*, basierend auf seinem Fund bei Eichstätt.

1868–1897 Der Fund des *Elasmosaurus* 1868 löst die sog. *bone wars* („Knochenkriege") zwischen den Forschern Edward Drinker Cope und Othniel Charles Marsh aus. Beide versuchen, möglichst viele und möglichst mehr Knochenfunde zu machen als der andere. In dieser Zeit beschreiben sie insgesamt 142 neue Arten, viele davon in der Morrison-Formation im Westen der USA. Bis heute wurden in dem 1,5 Mio. m² großen Gebiet Tonnen von Knochenmaterial ausgegraben.

1902 In Montana findet der Fossiliensammler Barnum Brown das erste Skelett eines *Tyrannosaurus rex*.

1909 Eine Expedition unter der Leitung des Berliners Werner Janensch nach Tansania (damals Deutsch-Ostafrika) fördert neben anderen spektakulären Funden das Skelett des *Brachiosaurus* zutage. Dieses Skelett ist heute im Berliner Naturkundemuseum zu sehen. Es ist das größte aufgebaute Dinoskelett weltweit.

1923 In der Mongolei findet der amerikanische Wissenschaftler Roy C. Andrews erstmals Dinosauriereier. Sie stammen von einem *Protoceratops*.

1947 Der amerikanische Paläontologe Edwin Colbert entdeckt zahlreiche Skelette des *Coelophysis* in Ghost Ranch, New Mexico. Dieser Ort wird sich im Laufe der Zeit als eine der ergiebigsten Dinosaurierfundstellen der Welt herausstellen.

1960er Beginn der sog. „Dinosaurier-Renaissance" (benannt nach dem gleichnamigen Artikel des amerikanischen Paläontologen Robert Bakker). Neue Erkenntnisse wie die, dass die meisten Dinos aktive Warmblüter waren und keine schwerfälligen Kaltblüter, führten zu einem Umdenken in der Paläontologie.

1971 Die berühmten „Kämpfenden Dinosaurier" – ein *Velociraptor* und ein *Protoceratops* – werden von einem polnisch-mongolischen Forscherteam in der Wüste Gobi gefunden. Als der *Velociraptor* seinem Opfer die tödlichen Tritte mit der Sichelkralle beibringen wollte, deckte ein Sturm die Szenerie mit Sand zu. Beide Tiere starben und blieben bis heute erhalten.

1980 In einem Steinbruch bei Münchehagen werden auf einer Fläche von 15 000 m² hunderte von Dinosaurierfußabdrücken gefunden, die ungefähr 140 Mio. Jahre alt sind. Die Abdrücke sind bis zu 130 cm groß. Teile des Gebiets sind heute ein Freilichtmuseum.

1986 Argentinische Paläontologen entdecken das erste Dinosaurierfossil in der Antarktis.

1990 In South Dakota wird das größte und vollständigste Tyrannosaurierskelett aller Zeiten gefunden.

1993 Der Film *Jurassic Park* wird – dank der durch neueste Computertechnik animierten Dinosaurier – zu einem Meilenstein der Filmgeschichte und zu einem der erfolgreichsten Filme aller Zeiten.

2002 In der mexikanischen Sierra Madre entdecken Dino Frey und sein Forscherteam das Skelett des sog. „Monsters von Aramberri", eine riesige Meeresechse, die für das größte Raubtier aller Zeiten gehalten wird.

2003 Sensationsfund eines *Microraptors*, der Schwungfedern an Armen und Beinen besaß, was die Diskussion über die Evolution des Vogelfluges neu entfacht.

2005 Mary Higby Schweizer isoliert erstmals intaktes Gewebematerial und Blutkörperchen eines *Tyrannosaurus*.

 **Museen**

Dinosaurier-Freilichtmuseum Münchehagen
Alte Zollstraße 5
31547 Rehburg-Loccum

Museum am Löwentor Stuttgart
Rosenstein 1
70191 Stuttgart

Museum für Naturkunde Berlin
Invalidenstraße 43
10115 Berlin

Naturhistorisches Museum Basel
Augustinergasse 2
CH-4001 Basel

Naturhistorisches Museum Wien
Burgring 7
A-1014 Wien

Naturkundemuseum Karlsruhe
Erbprinzenstraße 13
76133 Karlsruhe
Mit eigener Kinderseite auf der Homepage!
www.smnk.de/kinder/kinder.swf

Naturmuseum Senckenberg Frankfurt
Senckenberganlage 25
60325 Frankfurt am Main

Naturmuseum Solothurn
Klosterplatz 2
CH-4500 Solothurn

Paläontologisches Museum München
Richard-Wagner-Straße 10
80333 München

Sauriermuseum Aathal
Zürichstraße 202
CH-8607 Aathal

Westfälisches Museum für Naturkunde Münster
Sentruper Straße 285
48161 Münster

 **Filmtipps**

BBC: Dinosaurier – Im Reich der Giganten
DVD 1999
Ab 6 Jahren
Mit einer Mischung aus modernster Digitaltechnik und aufwendigen Modellen werden die Dinosaurier im Stil von Tierfilmen wieder zum Leben erweckt.

Jurassic Park.
DVD 2000
Ab 12 Jahren
Der Höhepunkt der Dino-Manie der 1990er-Jahre. Wissenschaftler erwecken Dinosaurier wieder zum Leben, um aus ihnen eine Freizeitpark-Attraktion zu machen. Das geht gründlich schief.

Discovery Channel: Als die Dinosaurier die Welt beherrschten
2 DVDs 2005
Eine Dokumentation über die Arbeit der Forscher, über Ausgrabungsstätten, Museen und neueste Erkenntnisse der Paläontologie.

 **Buchtipps**

Die Sehen-Staunen-Wissen-Bände:
Dinosaurier, Gerstenberg Verlag, Hildesheim 2002
Evolution, Gerstenberg Verlag, Hildesheim 2006
Fossilien, Gerstenberg Verlag, Hildesheim 2004
Geschichte des Lebens, Gerstenberg Verlag, Hildesheim 2000

 **Fundstätten**

Fossilfundstätte Holzmaden mit Urwelt-Museum Hauff
Aichelberger Straße 90
73271 Holzmaden
In den Ölschieferbrüchen können Besucher selbst nach Fossilien suchen, und Kinder können im Dinopark ein verschüttetes Skelett freilegen.

Grube Messel
Rossdörfer Straße 108
64409 Messel
Die fossilienreiche Grube gehört zum UNESCO Weltkulturerbe. Auf Führungen kann man Forschern über die Schulter schauen. Infos unter:
www.grube-messel.de

Juramuseum Eichstätt
Auf geführten Exkursionen kann man den Plattenkalk selbst abbauen oder im Besuchersteinbruch Fossilien sammeln.
www.jura-museum.de

Museum Solnhofen
Bahnhofstraße 8
91807 Solnhofen
Auch im Steinbruch von Solnhofen können Besucher sich selbst auf die Suche nach Fossilien machen.
www.fossilien-solnhofen.de

> Register

Seitenverweise auf Bildlegenden sind *kursiv* gesetzt.

A, B

Allosaurus 52
Altersbestimmung 22, *36*
Ammoniten 17, 22, 24
Anatomie 19, 46–48
Anning, Joseph 9–12, 21, 59
Anning, Mary 8–16, 17, *17*, 18–21, *21*, 22, 31–32, 34, 41–45, *45*, 59
Anning, Molly 9, 44
Anning, Richard 9, 11, 13, *13*, 21
Aramberri *25*, 26
Archaeopteryx 59
Befundaufnahme 30
Belemniten *10*, 18
Beneden, Prof. Pierre-Joseph van 53
Bernissart 53, 54, *54*, *55*
Bibel 6, 13–15
Biologie 23–24
Biostratigrafie 22
Birch, Thomas 16–17
Black Ven 18, *45*, 59

British Museum 46, 48
Brown, Barnum 58
Buchy, Marie-Céline 25–26
Buckingham, Graf von 18, 20
Buckland, William 13, *13*, 42–43, 48

C, D, E

Conybeare 21
Cope, Edward Drinker 56–57
Créteur, Jules 53
Cuckfield 36
Cuvier, Georges 19–21, 32, 38–41, *46*, 50
Dimorphodon 42, 44
Dinosaurier 6, 20–21, 23–24, 26, 30, 32, *39*, 42, 44, 46–47, 49, 52–54, 57–58
Dinosauriereier 58
Diplodocus 52
Dokumentation 30, *30*
Drachen 6, *39*, 43
Erdaltertum 14, 38
Erdgeschichte 9, 14
Erdmittelalter 14–15, 20, 36, 38, 42, 52
Erdneuzeit 14, 38

F, G

Fälschung 20, 33
Flugsaurier 25, 42, *42*, 58–59
Fossilien 9, 11, 13–16, *17*, 20–23, 27, *30*, 31–35, 38, 42–43, 49, 53, 56–57, *57*, 58–59
Frey, Eberhard 5, 6, 23, 24, *24*, 25, *25*, 26, *26*, 27–32, *32*, 33, 58
Fundstelle 30, *30*, 31, 37
Fußspuren 24, *24*, 58
Geologie 13–15, 18–24, 28, *32*, 34–35, 38–39, 45, 47, *51*, 53
Geologische Gesellschaft 14, 20–21, 35, 38, 41, 45, 47–48
Gesteinsschichten 13, 14, *14*, 15, 22–23, 27, 34, *36*, 38
Gobi, Wüste 58
Grabung 25, 27, 30–33, 53–54, 56–57
Grube Messel 32

H, I, K, L

Hawkins, Benjamin Waterhouse 53
Hunter, John *48*
Hunterian Museum 41, 46, 48,

48, 52
Ichthyosaurier 9, 10, *10*, 11, *11*, 13, 14, *14*, 17–21, 29, 59
Iguanodon 40, *40*, 41, 49, *49*, 50–54, *54*, 55
Jura 9, 38, 42
Jurassic Coast 9, *14*, 58
Känozoikum 38
Knochenkriege 56–57
Koprolithen *13*, 21
Kreidezeit 22, 31, 38, 49, 58
Kristallpalast *52*, 53
Leitfossilien 22, *36*
Lewes 6, 34–35
Lyell, Charles 38
Lyme Regis 8, *8*, 9, 13, *17*, 20–21, 34, 42, 44

M, N

Mammut 23
Mantell, Gideon 6, 34–35, *35*, 36–40, *40*, 41, 46–47, 48, *48*, 49, 50–51, *51*, 52, 54
Mantell, Hanna 49
Mantell, Mary 34, 37
Marsh, Othniel Charles 56, 57, *57*
Meeressaurier 26
Megalosaurus 48

Megatherium 50
Mesozoikum 38
Messmethoden 22
Meteoriten 59
Mexiko *24*, 25–27, 31
Microraptor 58, *58*, 59
Monster von Aramberri 6, 25, *26*, 27–29, 31, *32*
Natural History Museum *10*
Naturkundemuseum Brüssel 55
Newton, Isaak 41

O, P, Q, R

Owen, Richard 42, 46, *46*, 47–50, *50*, 51–52, *52*, 54–55
Paläontologie 19, 22–24, 32
Paläozoikum 38
Peabody Museum für Naturgeschichte 56
Plattentektonik 28, 31
Plesiosaurier 15–16, 18, *18*, 19–20, 21, *21*, 26–27, 29, 32
Pliosaurier 6, 26, *26*, 28–29, *29*
Pterodactylus 42, *42*
Raubsaurier 58–59
Reptilien 14, 20,

37, 40–42, 47, 49, 52
Royal Society *40*, 41, 50–51

S, T

Schädel 6, 9–11, 18, 27, 30, 54, 56
Sedimente *36*
Sierra Madre Oriental 26, 31
Smith, William 13
Solnhofen 42, *42*
Staatliches Museum für Naturkunde Karlsruhe 6, 23, 32
Stegosaurus 52
Stinnesbeck, Wolfgang 25, *25*
Stratum 22
Tilgate Forest *35*, 38–39, 50
Trias 38
Triceratops 52
Tyrannosaurus rex 58, *58*

U, V, W, Z

Untergang der Dinosaurier 59
Ussher, James 14
Versteinerung 31, 34, 36, 53
Wegener, Alfred 28
Whiteman's Green *35*, 38–39, 50
Zoologische Gesellschaft 48

Bildnachweis

action press/Rex Features/Richard Austin: S. 12; akg-images Berlin: S. 6–7 (Hintergrund), 15o, 43o/Carl-W. Röhrig: Umschlag vorn o, Buchrücken; Associated Press/Nick Ut: S. 23; Bridgeman Art Library/Natural History Museum, London: S. 53o; CORBIS/Bettmann: S. 57o; Dino Frey: Umschlag vorn ul, Umschlag hinten r, S. 6mr, 24, 25ml, 26o, 30, 32–33u, 33o; INTERFOTO/Mary Evans Picture Library: S. 8; LAIF/The New York Times/Redux: S. 63; © Natural History Museum, University of Oslo, Norway/artwork by Tor Sponga, BT: Umschlag hinten m, S. 2, 29; Maja Nielsen: S. 4–5, 14ur, 16, 42ur, 45ml&u; picture-alliance/91020/WHA: S. 54/dpa: S. 25or, 31, 42mr, 58/KPA/HIP/The British Library: S. 7u, 34/KPA/TopFoto: S. 19o/maxppp: S. 47/ZB: S. 10mr; © Royal Belgian Institute of Natural Sciences: S. 55; © Joe Tucciarone: S. 59

Quellennachweis

Deborah Cadbury: *Dinosaurierjäger. Der Wettlauf um die Erforschung der prähistorischen Welt*. Deutsche Übersetzung von Monika Niehaus © 2001 by Rowohlt Verlag GmbH, Reinbek bei Hamburg. Leider war es uns nicht in allen Fällen möglich, die Rechteinhaber ausfindig zu machen; alle Ansprüche bleiben gewahrt.